2023年度湖南省高校思想政治工作研究项目
“红色文化融入大学生国家安全教育实践路径研究”(项目编号:23A114)

RED CULTURE

建设类院校红色文化育人理论与实践研究

黄 帆◎著

企业管理出版社
EMPH ENTERPRISE MANAGEMENT PUBLISHING HOUSE

图书在版编目(CIP)数据

建设类院校红色文化育人理论与实践研究 / 黄帆著. 北京 : 企业管理出版社, 2025. 4. -- ISBN 978-7-5164-3268-6

Ⅰ. G641.2

中国国家版本馆CIP数据核字第20256BR697号

书　　名：建设类院校红色文化育人理论与实践研究
书　　号：ISBN 978-7-5164-3268-6
作　　者：黄　帆
策　　划：张　丽
责任编辑：张　丽
出版发行：企业管理出版社
经　　销：新华书店
地　　址：北京市海淀区紫竹院南路17号　　**邮　　编**：100048
网　　址：http://www.emph.cn　　**电子信箱**：lilizhj@163.com
电　　话：编辑部（010）68416775　　发行部（010）68417763　68414644
印　　刷：北京亿友数字印刷有限公司
版　　次：2025年4第1版
印　　次：2025年4月第1次印刷
开　　本：710mm × 1000mm　　1/16
印　　张：13.75
字　　数：208千字
定　　价：78.00元

前 言

文化是民族的血脉，是人民的精神家园。坚定文化自信，是事关国运兴衰、事关文化安全、事关民族精神独立性的大问题。红色文化是中国共产党领导中国人民在革命、建设和改革的伟大实践中创造积累的先进文化，萌芽于新民主主义革命时期，历经社会主义革命和建设时期的发展，在改革开放历史新时期走向兴盛，并于中国特色社会主义新时代实现升华，蕴含着指引党和人民增强信仰、信念、信心，战胜一切强敌、克服一切困难、夺取一切胜利的强大精神力量。将红色文化融入学生育人工作中，充分发挥红色文化的教育引导和价值塑造功能，有利于加深学生对红色文化的理解与把握，增强他们做中国人的志气、骨气和底气，继而不断强化高校育人工作的凝聚力与感召力以及针对性与有效性。

为了更好地发挥红色文化的育人作用，提升学生的思想政治水平，笔者从所就职的建设类院校育人实际出发，对建设类院校红色文化育人课题进行了全面、系统、深入的研究。为了更好地与同行交流，笔者将研究成果整理成书，旨在抛砖引玉，更好地推进行业类院校红色文化育人工作的发展。

本书紧紧围绕红色文化育人的价值与实施，充分体现建设类院校红色文化育人的特色，从多个维度对建设类院校开展红色文化育人相关课题进行剖析，并就进一步推进建设类院校红色文化育人工作提出建议。

本书共7章，内容涵盖：红色文化的基本认知、红色文化融入建设类院校育人工作的路径研究，以及红色文化融入建设类院校理想抱负教育、爱国主义教育、社会主义核心价值观教育、道德教育和国家安全教育的理论研究与实践探索。

本书在研究与撰写过程中，借鉴了众多专家学者的研究成果。受篇幅所限，无法一一列明致谢，在此一并感谢！

目 录

第 1 章

CHAPTER 1

红色文化的基本认知

红色文化是中国特色社会主义文化的重要组成部分，是中华民族文化的精华，宛如一片肥沃的土壤，滋养着千千万万的中华儿女。红色文化极具思想政治教育价值，对于开展广大人民群众的思想政治教育，提升广大人民群众的思想政治素质，帮助广大人民群众树立远大理想、坚定崇高信仰，促进广大人民群众凝聚共识，具有重要的意义。同时，红色文化也是学校育人工作的重要内容和关键载体。

1.1 红色文化的含义

中华民族是喜爱红色的民族，红色对中华民族有着特殊意义。每当迎来喜庆时刻或值得纪念的日子，中国人总喜欢用红色表达喜悦。在中华传统文化中，“日子过得红红火火”等说法广为流传，人们赋予红色重要的文化内涵。久而久之，红色成为中华民族的代表性色彩与重要象征，一提到中华民族的色彩，人们总会第一时间想到“中国红”。红色象征着喜庆、吉祥与成功，蕴含着兴旺发达之意，深受中华儿女喜爱。

红色与中国革命、中国政治有着不解之缘，在中国近现代政治活动中，红色成为革命的象征。1917年俄国十月革命胜利后，以李大钊为代表的先进知识分子开始在中国传播马克思主义，自此，红色与中国政治的联系日益紧密。井冈山斗争时期，毛泽东在《中国的红色政权为什么能够存在》一文中，将中国共产党领导的在农村建立的革命政权称为“红色政权”，此后，红色更深刻地融入中国共产党领导的革命、建设与改革实践之中。由此可见，红色对中国革命、建设和改革具有重要象征意义，是中国发展前行的鲜明标识。

由此可知，这里所说的红色文化是超越单纯的色彩范畴，具有深远政治意义的。“红色文化”作为一个独立概念，最早由刘寿礼教授于2004年提出，他认为其主要指红色文艺作品及其蕴含的精神。中国红色文化研究会会长刘润为则指出，红色文化是中国共产党领导的群众性革命文化运动的成果，是党带领全国各族人民在长期革命、建设、改革进程中形成的，以马克思主义为核心的先进文化。从专家论述可见，红色文化突破了色彩本义，承载着深刻社会价值，是中华民族宝贵的精神财富。

近年来，人们对红色文化的认知不断深化。然而，多数人对红色文化缺乏深入理解。因此，深入剖析红色文化内涵十分必要，可从以下四个方面展开。

第一，从历史阶段看，红色文化形成于中国革命、建设和改革时期。在这一历史进程中，形成了革命文化、建设文化、社会主义先进文化等形态，呈现出“百花齐放，百家争鸣”的繁荣格局。因此，认识红色文化必须明确其诞生的历史阶段，把握其形成脉络，才能结合时代背景全面深刻地理解其内涵、厘清其内容。

第二，从指导思想看，红色文化以马克思主义为核心。俄国十月革命为中国无产阶级送来马克思主义，红色文化正是在马克思主义传入中国后，伴随中国共产党的诞生、成长、壮大而形成的独特文化形态。因此，理解红色文化必须将其与马克思主义相结合，明确马克思主义对其形成发展的指导意义，才能真正把握其精神内核。

第三，从创造主体看，红色文化的创造主体是中国共产党及其领导的人民群众。红色文化自中国共产党成立并领导新民主主义革命起逐步形成发展，学术界普遍将其创造主体界定为中国共产党及其领导的人民群众。因此，认识红色文化必须正确认识中国共产党的核心地位，充分理解党的领导对红色文化形成的决定性作用，突出党在红色文化创造中的关键引领功能。

第四，从具体内涵看，红色文化由物质层面、意识层面和制度层面共同构成：物质层面表现为革命纪念馆、博物馆、革命战争遗址、会议旧址等载体；意识层面涵盖红色精神、优良传统、道德品质等精神内核；制度层面包括党在各历史时期制定的理论、方针、政策、路线等实践成果。

总体而言，红色文化是中国共产党领导广大人民在革命、建设和改革实践中创造、凝聚的精神文化结晶，既体现在理想信念、价值追求、风貌品格等精神层面，也熔铸于制度机制、遗迹遗存、文化艺术等具体形态之中。红色文化是我们党百余年奋斗过程中积累的宝贵精神财富，是推动我国革命、建设、改革事业不断向前发展的强大精神动力，为我们坚定文化自信提供了重要基石。

1.2 红色文化的来源

任何文化都非凭空产生，都有其生成的源头。文化的来源决定了其形式、内容与特色。在初步认识红色文化内涵的基础上，有必要进一步探讨其生成渊源。红色文化作为中国特色社会主义文化的重要组成部分，其产生有以下主要来源。

1.2.1 理论来源：马克思主义文化观

红色文化的形成与发展同马克思主义紧密相连，马克思主义文化观可被视为红色文化形成的重要理论来源。

梳理马克思主义文化观的形成过程，可得出以下观点。其一，文化产生于实践。人的主体性决定了文化在生产实践中孕育发展，由此可见，红色文化同样生成于实践——中国共产党领导人民群众在革命、建设与改革中的实践。其二，文化对人具有反作用。马克思指出，资本主义社会的异化现象源于无产阶级受压迫剥削，而文化的终极价值在于塑造人、促进人的自由全面发展。红色文化作为中国共产党领导人民在新民主主义革命和社会主义建设中形成的实践产物，正契合这一目标。其三，文化具有推动社会进步的功能。红色文化既诞生于党领导人民的实践，作为先进文化又反作用于这一实践，对新民主主义革命及社会主义建设具有重要促进作用。其四，坚持执政党对文化建设的领导。马克思主义文化观具有阶级性、民族性、继承性和世界性，红色文化作为无产阶级和人民群众的文化，其发展必然要以党的领导为根本保证。

中国共产党人坚持以马克思主义文化观为理论根基，在持续探索与实践进程中，推动马克思主义基本原理同中国具体实际相结合、同中华优秀传统文化相结合，从而孕育并不断丰富发展了中国特色社会主义文化理论体系。从革命时期“民族的、科学的、大众的”新民主主义文化观，到建设时期“古为今用，洋为中用”的原则；从改革开放时期“解放思想、实事求是”的思想路线，到新时代“赓续红色基因”的号召及培育社会主义核心价值观的要求，均是红色文化内涵的拓展与深化，始终彰显着马克思主义文化观的根本指导作用。因此，红色文化的理论源头是马克思主义文化观，正是在这一文化观的指引下，红色文化得以孕育和发展。

1.2.2 历史来源：中华优秀传统文化

中华优秀传统文化作为中华文明的瑰宝，千百年来滋养着世代中华儿女。其中蕴含的价值理念与传统美德，如沃土般为红色文化的孕育发展提供了丰厚养分。同时，红色文化由中国共产党领导人民群众在实践中创造，同时其根基深植于中华优秀传统文化——正是在这片文化土壤中，红色文化汲取养分，并通过中国共产党人在革命、建设与改革进程中对中华优秀传统文化的创造性转化和创新性发展，凝练出一系列核心思想。

以民本传统为例，这一中华优秀传统文化中积淀的深层价值追求，为红色文化奠定了根本价值底色。中国共产党坚守“全心全意为人民服务”的宗旨，正是对传统民本思想的继承与升华。从《尚书·五子之歌》“民惟邦本，本固邦宁”强调人民是国家根基，到《管子·牧民》“政之所兴在顺民心，政之所废在逆民心”突出民心向背的政治意义，中国共产党人深刻汲取其中爱民、重民、忧民、安民、利民、富民的思想精髓，形成了“以人民为中心”“不忘初心、牢记使命”“江山就是人民，人民就是江山”等与时俱进的人民观。

中华优秀传统文化中的革新精神，同样为红色文化注入强大力量。中华民族历来崇尚勤劳勇敢、勇于突破，反对因循守旧。这种革新思想激励中国共产党人在革命年代打破教条，开辟“农村包围城市，武装夺取政权”的独特道路；在建设时期，党的十一届三中全会作出改革开放的历史性决策；进入新时代，全面深化改革，以党的自我革命引领社会革命。

此外，中华优秀传统文化中的家国情怀、舍生取义、自强不息、顽强拼搏、团结奋斗等精神品质，亦是红色文化的重要养分。中国共产党人从中华优秀传统文化中萃取精华，在实践中不断丰富、发展与升华红色文化，使中华优秀传统文化成为红色文化茁壮成长的文化之根。

1.2.3 实践来源：中国革命、建设、改革和新时代伟大斗争

文化源于实践，红色文化则源于中国共产党领导人民群众

的伟大实践。具体而言，中国革命、建设、改革和新时代伟大斗争，是红色文化的实践根基。

红色文化诞生于红色实践。红色文化蕴含的精神元素是党领导人民实践的结晶，而红色文化的形成过程，正是中国革命、建设、改革和新时代伟大斗争的历史演进过程。

其一，革命年代积淀的红色精神元素，既彰显了中国共产党人反抗侵略压迫的革命意志，也铭刻了党为民族独立、人民解放作出的牺牲与贡献。浙江嘉兴南湖红船见证了中国共产党诞生，孕育了开天辟地的建党精神，成为中华民族命运转折的起点；赣南苏区时期，党以革命必胜信念带领人民取得三次反“围剿”胜利，铸就苏区精神，如星火在暗夜中点亮革命希望；第五次反“围剿”失利后，中央红军转战陕甘，在爬雪山、过草地的极限考验中完成长征壮举，熔铸了伟大长征精神；七七事变后，党领导的人民军队在抗日战争中浴血奋战，铸就了天下兴亡、匹夫有责的抗战精神。

其二，中华人民共和国成立后，社会主义革命和建设时期开启了红色文化系统性制度化建构的新征程。这一时期，红色文艺创作蓬勃发展，大量红色历史影片、音乐、美术作品涌现，成为永不褪色的精神财富。

其三，改革开放新时期，红色文化顺应社会变革，以经济建设为物质基础，以精神文明建设为动力，在传承中创新发展，不断融入时代内涵，与改革开放进程同频共振。

其四，新时代十年的伟大变革为红色文化注入新内涵。在深入推进伟大斗争、伟大工程、伟大事业、伟大梦想的实践中，红色基因传承得到强化。当前，红色文化地位日益凸显，其价值在教育领域尤其受到重视，已成为学校思想政治教育不可或缺的内容与载体。

1.3 红色文化的特征

红色文化是中国共产党人带领中国人民在实现中华民族伟大复兴的实践中创造的，在革命、建设、改革和复兴的新时代，对于人们坚持真理、坚守理想，践行初心、担当使命，不怕牺牲、英勇斗争，对党忠诚、不负人民等，都起到了非常重要的凝心铸魂作用。充分发挥红色文化凝心铸魂的新时代价值，深入了解红色文化，必须把握其主要特征。

1.3.1 民族性

红色文化具有民族性的特征。马克思主义文化观指出，文化具有民族性，因为任何一种文化都是基于地理环境、生活方式以及社会构成等诸多因素形成的，具有鲜明的民族性。中华民族历史源远流长，历经数千年经久不衰，是世界上唯一一个文明未曾间断的民族。因此，以中华优秀传统文化为土壤的红色文化，自然受到中华优秀传统文化的熏陶和滋养，从而具有鲜明的民族特色。在某种程度上说，红色文化可以看作是中华优秀传统文化的继承与发展。一方面，红色文化的形成具有一定的基础，这个基础包括红色文化所处时代的物质基础、政治基础、精神基础和理论基础。中国共产党将马克思主义与中国的具体实际结合起来加以运用，形成了中国特色的革命道路，这条革命的探索道路符合中华民族的文化特征，在此过程中形成的红色文化自然具有中华民族的文化特征。另一方面，红色文化是中华民族精神的体现。红船精神、井冈山精神等中国共产党领导人民在革命斗争中形成的伟大精神，是中华民族精神的重要组成部分，是红色文化的内核；而红色文化正是这些革命精神的具体表现和生动载体。

1.3.2 先进性

红色文化具有先进性的特征。红色文化是先进的文化，是在实践中经过筛选和提炼的文化，可以从以下三个方面理解。

第一，红色文化是科学的文化。红色文化是在马克思主义的指导下形成发展的，马克思主义本身就具有鲜明的科学性，是对客观世界的正确反映，要求我们全面客观地认识世界，透过现象揭示事物本身的本质和规律，并在实践中不断丰富和发展。红色文化是马克思主义中国化的文化成果，从形成起就是科学的，是主张实事求是、追求科学真理的。科学性是红色文化先进性的基础。

第二，红色文化是具有导向性的文化。红色文化与中国共产党的道路探索和社会实践息息相关，具有明确的政治导向。红色文化是中国特色社会主义文化的重要组成部分，服务于中国特色社会主义道路的发展，助力于中华民族伟大复兴中国梦的实现。其涵盖的爱国主义精神、社会主义信念、意识形态教育等内容，符合我国社会主流价值观。

第三，红色文化是具有兼容性的文化。红色文化不是闭门造车，也不是自说自话，相反，红色文化是一种具有兼容性、博采众长的文化。因此，红色文化也为中国特色社会主义核心价值观提供了重要的思想源泉。在提高国家文化软实力、建设文化强国的进程中，具有较高兼容性的红色文化发挥了重要作用，成为中华优秀传统文化、中国革命文化和中国特色社会主义先进文化的重要结合体，为推进国家文化建设、提高民族凝聚力，以及实施学校思想政治教育提供了重要素材。

1.3.3 时代性

红色文化具有时代性的特征。任何文化都是时代的产物，红色文化也不例外。红色文化产生于革命年代，在社会主义建设年代、改革开放年代和新时代不断发展，形成特色鲜明的文化特质。红色文化具有的时代性，要从以下两个方面理解。

第一，红色文化是顺应历史潮流的文化。其一，红色文化的产生基于特殊的时代背景。在半殖民地半封建社会，人民生活陷入水深火热之中，中华民族陷入低谷，国家面临反帝反封建的任务。在这种情况下，新文化运动的发展，让人们呼吸到了新鲜空气，逐渐开始睁眼看世界，民主和科学的新文化必然取代落后、封建的旧文化，这也是红色文化产生的重要条件。其二，在各个革命运动中，红色文化开始萌发。在不同的历史时期，红色文化的侧重点有所不同。在新民主主义革命时期，红色文化表现为传播民主和科学，启迪人们的思想，帮助人们从愚昧落后的思想中解放出来，接受现代文明。在土地革命时期，红色文化致力于推进革命根据地建设，让贫苦大众摆脱受剥削受压迫的命运，成为真正的主人，获得自由和发展。在抗日战争时期，红色文化为抗战服务，为全民族解放事业服务，抗战精神的诞生就是红色文化的体现，这一时期红色文化内容主要是抵御外侮，争取民族独立。在解放战争时期，红色文化主要服务于推进解放区的民主运动，反对国民党反动派的专制统治，实现全国解放，人民当家作主。

第二，红色文化是不断创新的文化。红色文化是随着时代不断发展的文化，也是随着社会发展不断创新的文化，是与社会同频共振的。红色文化的创新性主要体现在，伴随社会更替、时代进步，结合当前阶段具体实际，红色文化的时代价值和精神内核会进行创造性转化和创新性发展，形成更多符合当前时代思想内涵、更多贴合实际要求的价值意蕴，更多联系实际的宝贵品质。例如，在新民主主义革命时期，红色文化主要围绕宣传马克思主义、完成推翻“三座大山”的任务所展开；在中国特色社会主义建设和改革时期，红色文化主要围绕发展社会主义市场经济和满足人民群众的物质文化需要所展开。由此可见，红色文化的内涵是随着时代需求不断变化的。

1.3.4 大众性

红色文化具有大众性的特征。红色文化是在中国共产党领导下，在人民群众的实践中逐步形成和积淀的文化。由此可见，红色文化是根植于群众、在群众中发展，并被群众传承的文化。

一方面，红色文化在地域上具有广泛性。可以说，在我国各地都能看到红色文化的印记，各地也都受过红色文化的浸润。在新民主主义革命时期，从上海到南昌，从井冈山到延安，从遵义到西柏坡，从瑞金到北京，中国共产党领导的红色革命几乎遍及全国各地。红色革命留下的红色精神、红色遗址和重要资料等，为后人留下了珍贵的红色文化遗产。如今，中国的每一处地方都承载着独具特色的红色文化，把各个地区特有的红色文化遗址遗迹及其蕴含的红色精神汇聚起来，就构成了绚烂多姿的中国红色文化。

另一方面，红色文化在形式上具有广泛性。红色文化内容丰富多样，既包括物质文化，又涵盖精神文化。遍布全国各地的红色遗址遗迹、博物馆、革命英雄故居等，都是红色文化物质层面的具体体现，印证了红色文化发展的轨迹。红色文化精神之所以丰富多彩，是因为在不同时期党领导人民群众的实践中，产生了契合时代需求的红色精神，并在广大人民群众中发挥了积极的促进作用。在革命年代，长征精神、沂蒙精神、延安精神等红色精神成为主流，鼓舞人民奋勇战斗；在建设和改革时期，“两弹一星”精神、抗洪抢险精神、航天精神等成为时代主旋律，契合时代价值，激励人民无私奉献。时至今日，我们更应传承和弘扬这些优良的红色精神，传播其中的正能量，并不断挖掘更多具有当代价值的红色精神。

此外，红色文化还体现了人民群众是历史的创造者。首先，红色文化根植于群众。红色文化是新民主主义革命的主流文化，新民主主义革命的任务是推翻“三座大山”，让人民翻身做主人。在革命过程中，人民群众全程参与，团结一心开展革命斗争，在此过程中形成的红色文化，具有鲜明的新民主主义特色，是鼓舞广大人民翻身解放、当家作主的文化。其次，红色文化在群众中发展。在革命时期，许多脍炙人口的文艺作品，如诗歌《我爱这土地》及歌曲《没有共产党就没有新中国》等，都来源于人民群众，可以说大量红色文化作品都是人民群众的杰作。再次，红色文化被群众传承。各大电视台播出的经典红色剧集，如《铁道游击队》等，以及红色歌曲比赛、红色旅游基地的建设，都成为人民群众喜闻乐见的文化形式，在人民群众中广泛传播并得以传承。

1.4 红色文化的类型

红色文化是我国的先进文化，也是具有中国特色的特殊文化形态。当前，红色文化体系庞大、内容丰富。依据不同的分类标准，红色文化可划分为不同类别。以文化表现形式为划分依据，红色文化包含以下典型内容：红色遗址类、红色人物类、红色文艺作品类、红色精神类、红色制度类等。

1.4.1 红色遗址类文化资源

红色遗址类文化资源是重要的物质形态红色文化资源。在日常生活中，物质形态的红色文化资源最为常见，具体包括遗址遗迹、革命纪念馆、博物馆、英雄纪念碑等物质遗存，是红色文化的重要组成部分。红色遗址类文化资源以形象、直观的方式记录了不同时期中国共产党领导人民群众实践的历程，蕴含着丰富的红色精神，对于传承红色文化、宣传红色文化、赓续红色基因具有不可替代的作用。比如，在百年党史中，在土地革命战争、抗日战争、解放战争、抗美援朝战争等时期，千千万万革命先烈抛头颅、洒热血，为了中华民族的独立自主、为了中华民族的伟大复兴，在深爱的土地上留下了红色印记。这些革命战争遗址成为重要的红色文化资源，比较知名的包括中国共产党第一次全国代表大会会址、井冈山革命遗址、泸定桥战役遗址、红四方面军翻越夹金山遗址、广州起义烈士陵园、台儿庄大战旧址等。

1.4.2 红色人物类文化资源

红色人物类文化资源具有行为文化的属性，是重要的红色文化资源。中华民族勤劳勇敢，自古以来，中华儿女就具备不畏强权、不惧压迫的顽强品质。自中国共产党成立以来，更是涌现出一批批为人民求解放、谋幸福的红色人物。他们不怕牺牲、勇于奉献，无论是在战火纷飞的战场，还是在惊心动魄的隐秘战线，都为中华民族的解放事业作出了巨大贡献。这些红色人物的事迹鼓舞了一代又一代中国人，其精神也成为红色文化资源的重要组成部分，向人们传递着珍贵的红色精神。其中广为人知的有赵一曼、张思德、江竹筠、黄继光、邱少云等。他们身上体现的人民至上、保家卫国的英勇气概至今仍不过时，激励着中国共产党人砥砺前行，相关事迹与精神成为新时代爱国主义教育的重要内容。

1.4.3 红色文艺作品类文化资源

红色文艺作品类文化资源是传播红色文化的重要载体，对弘扬红色文化至关重要。文艺作品作为人民群众喜闻乐见的艺术形式，历来是文化传播的重要渠道与寓教于乐的关键载体，在文化传播过程中发挥着不可或缺的作用。在中国共产党领导中国人民实现中华民族伟大复兴的进程中，涌现出浩如烟海的红色文艺作品。这些作品散发着时代光芒，承载着一代又一代人的历史记忆，是传承红色基因的重要途径。红色文艺作品形式多样、种类繁多，按艺术表现形式可分为以下四类：其一，电影。电影是深受大众喜爱的艺术形式，许多红色影片承载着人民的珍贵记忆，成为传播红色文化的重要载体，如《英雄儿女》《上甘岭》《建军大业》等。其二，电视剧。红色电视剧通过叙事让观众对红色文化有了更深刻的认识，是传播红色文化的重要载体，例如《重庆风云》《长征》《日出东方》等。其三，戏剧。戏剧舞台是展示红色文化的重要平台，《红色娘子军》《红灯记》《江姐》等红色戏剧广为人知。其四，文学作品。文学作品也是传播红色文化的重要载体，众多红色小说已成为经典，如《红岩》《林海雪原》等。红色文艺作品在各个历史阶段，生动记录着一代代共产党人的初心与使命，以独特方式书写着深刻的红色记忆。

1.4.4 红色精神类文化资源

红色精神类文化资源属于精神文化范畴，是重要的红色文化资源。红色革命精神是中国共产党的宝贵财富，是革命文化的生动体现，是中国共产党领导中国人民在革命、建设、改革和新时代等各个时期所形成的伟大精神的总称。红色革命精神主要包括红船精神、井冈山精神、苏区精神、长征精神、遵义会议精神、延安精神、西柏坡精神、抗战精神、抗美援朝精神、“两弹一星”精神、雷锋精神、老区精神、“两路”精神、抗震救灾精神等。在传承和弘扬红色文化的过程中，要以培育和践行红色精神作为主要内容，只有这样，才能把握红色文化的精髓，更好地传承和弘扬红色文化。

1.4.5 红色制度类文化资源

红色制度类文化资源属于制度文化范畴，同样也是重要的红色文化资源。制度形态的红色文化资源，是指中国共产党带领人民群众在革命、建设、改革和新时代等各个时期所制定的维护工作和生活秩序的规章制度、革命纲领等，比如“三大纪律八项注意”、《中国共产党章程》等。这些红色制度类文化资源，记录了中国共产党在探索发展道路过程中的轨迹，体现了党的探索精神和创新精神，展现了创业的艰辛，是宣传、传承和发展红色文化的重要素材。

1.5 红色文化的功能

在传承和弘扬红色文化时，要善于发挥红色文化的功能，使红色文化能够全方位、多维度发挥作用。作为特殊类型的文化，红色文化具有如下丰富功能。

1.5.1 文明传承功能

红色文化具有文明传承功能。红色文化承载着特定时代的精神内涵，作为先进文化的典型与重要组成部分，其对于党和国家、社会发展以及个人成长的重要性不言而喻。因此，应当传承和弘扬红色文化，将其精髓代代相传。其一，要传承红色文化中的理论成果。在中国革命、建设、改革进程中，马克思主义中国化形成了一系列革命理论与指导方针，这些理论成果蕴含于红色文化之中。传承理论内容，能够通过红色文化的熏陶，更有效地引导广大人民群众，明确政治立场。其二，要传承红色精神。红色精神是以井冈山精神、长征精神等为代表，在红色文化发展历程中形成的一系列革命精神、建设精神和改革精神。这些精神潜移默化地引导着广大人民群众树立正确的世界观、人生观和价值观。因此，要将红色精神融入教育活动，助力广大人民群众树立正确的“三观”。其三，要传承革命传统。革命传统是全国人民在反帝反封建斗争中形成的热爱祖国、艰苦奋斗、顽强拼搏等优良品质。红色文化传承着这些优良传统，在传承过程中弘扬革命优良传统，有助于广大人民群众坚定理想信念，为祖国和人民奉献力量。

1.5.2 全面德育功能

红色文化具备全面德育功能。红色文化精神层面蕴含的革命精神和奋斗精神，对广大人民群众树立理想信念具有明确的导向作用。红色文化内容丰富广泛，是开展德育教育的天然教材，高校可通过丰富多彩的形式对其进行呈现，实现寓教于乐，提升德育成效。其一，红色文化在精神教育方面可发挥重要作用。革命事迹、革命遗址等红色文化资源，蕴藏着革命精神等红色精神。将这些红色文化资源作为德育素材，发挥其德育功能，把革命精神等融入广大青年学子的理想信念教育中，使其成为青年学子成长道路上不可或缺的教育资源，能够给予精神启发，提升精神境界，是德育教育的必要环节。其二，红色文化在行为教育方面具有重要功能。广大青年学子作为祖国未来的接班人，既要志存高远，更应将志向付诸实践。把红色文化资源作为德育素材，发挥其德育功能，将红色文化中行为文化的内容融入青年学子的实践活动，有助于引导青年学子以革命英烈的事迹为榜样，为祖国建设贡献力量。

1.5.3 精神激励功能

红色文化具有精神激励功能。红色文化不仅蕴含丰富的先进理念，还凝聚着强大的精神力量。传承和弘扬红色文化，能够激励广大人民群众以更加昂扬向上的姿态拼搏奋斗、锐意进取，激发并坚定人民群众的爱国热情与理想信念。其一，红色文化能够激发广大人民群众的爱国主义情怀。爱国主义是红色文化的核心，通过讲述中国共产党带领全国人民浴血奋战的爱国事迹，激励广大人民群众积极进取、不懈奋斗，培养他们的爱国意识，让人民群众满怀热情，为祖国建设贡献智慧和力量。其二，红色文化能够为广大人民群众树立远大理想信念提供支持与激励。理想信念是红色文化的重要组成部分，是革命年代无数仁人志士的精神指引。红色文化能够激励广大人民群众树立崇高的理想信念，投身社会主义建设事业，书写无悔人生。

1.5.4 信息凝聚功能

红色文化具有信念凝聚功能。红色文化蕴含丰富的革命历史、革命精神和革命传统，能够激发广大人民群众的爱国热情，在凝聚思想共识方面发挥重要作用，有利于确立广大人民群众的共同奋斗目标，增强民族意识。其一，确立共同奋斗目标。

确立共同奋斗目标不仅有助于个人成长成才，也有利于推动社会发展进步。红色文化中蕴含的众多先进事迹和崇高精神，对引导广大人民群众确立共同奋斗目标具有重要导向作用。其二，增强民族意识。红色文化凭借其生动的事例和深刻的精神内涵，能够提升民族自信心和自豪感，对增强民族意识具有显著作用。发挥红色文化在增强民族意识方面的功能，有助于引导广大人民群众关心国家大事，促进民族团结统一，更好地服务社会主义建设。

1.6 红色文化的价值

红色文化作为中国特色社会主义先进文化的重要组成部分，具有重大价值。红色文化对人民群众的个人成长和社会发展具有积极作用，体现在政治、经济、文化和教育等多个方面。下面，结合人民群众传承弘扬红色文化的具体实践，分析红色文化的价值。

1.6.1 政治价值

红色文化具有政治价值。红色文化是中国共产党领导人民群众在实践中形成的先进文化，在不断发展以及应对时代挑战的过程中持续迸发力量，具有重要的政治价值。一方面，红色文化集中反映了中国共产党的政治思想、理念与作风，是中国共产党政治文化形态的集中表达，也是巩固党在意识形态领域指导地位的重要依托。红色文化发挥着增强政治认同、传播政治理念、规范政治行为、培育政治人才、稳定政治关系的重要作用，从而不断推进政治发展。另一方面，红色文化具有资政功能。历史是最好的教科书，红色文化产生于艰苦恶劣的革命斗争环境，发展于社会主义建设和改革开放的伟大实践，在不同历史时期都为党的局部或全面执政提供了治党治国的经验方法，为身处复杂多变局势下的中国共产党提供了重要借鉴。其中，红色文化最核心的经验是以人民为中心，重视民心、民意、民主、民生，不断巩固党的领导核心地位。

1.6.2 经济价值

红色文化具有经济价值。一般而言，经济是文化形成的重要基础，文化对经济具有反作用。近年来，随着国家对红色文化的重视与宣传，各地加快了红色文化资源开发利用的步伐，红色旅游和红色产业成为拉动地方经济发展的重要引擎。同时，我国红色旅游蓬勃发展，进一步实现了红色文化资源保护与提升经济效益的“双丰收”。可以看到，保障红色旅游产业的持续稳定增长，需要满足相关工作岗位的人力需求，这有效带动了群众就业。红色文化为文化产品赋能，在为旅游产业带来经济效益的同时，也赋予了红色产业重要的社会责任，促进了红色文化传播，拓展了旅游产业功能的深度和广度。

1.6.3 文化价值

红色文化具有文化价值。首先，红色文化具备一般文化的价值属性，如思想引导、理论传承、精神弘扬等功能。加强红色文化的教育和传播，能够引导人民群众坚守正确价值观念，构建科学思想理论体系，自觉抵御不良思潮和腐朽文化的侵蚀，促使人民群众保持积极健康的精神面貌和思想状态。其次，红色文化还具有区别于一般文化的特殊价值。红色文化以马克思主义中国化时代化理论为指导，以蕴含民族智慧的中华优秀传统文化为根基，有助于人民群众作出正确的价值判断和行为选择，增强对中华民族文化的自信，扎实推进中国特色社会主义文化建设。因此，红色文化能够激发广大人民群众的爱国情怀、增强文化自信，是提升国家文化软实力的重要助力。

1.6.4 教育价值

红色文化具有教育价值。毋庸置疑，红色文化是优质独特的教育资源，能够帮助教育对象了解历史真相、把握历史规律、树立正确观念。红色文化作为党在长期社会实践中形成的宝贵财富，承载着远大宏伟、坚定不移的理想信念。同时，革命遗址、珍贵文物、先进事迹、伟大精神等，都为广大人民群众的理论学习、道德培育、情操熏陶、实践参与提供了重要参考和直观载体。

第一，红色文化具有理想信念的导向作用，有利于广大人民群众树立坚定的理想信念。理想信念是立身之本、成事之基。理想是对未来事物的美好想象与希望，表达了人们的向往与憧憬；在中国古代，理想被称作“志”，即志向。信念是一种强大的内在精神依托。从古至今，理想信念在人民群众生活中始终发挥着至关重要的作用。红色文化承载着中国共产党人的理想信念，蕴含着中国共产党人的价值追求，其中的长征精神、老区精神、井冈山精神等红色精神，以及张思德、董存瑞、黄继光、邱少云、刘胡兰、雷锋等英雄模范事迹，充分彰显了中国共产党人坚定的理想信念。理想信念教育至关重要，依托红色文化开展思想政治教育工作，能让广大人民群众深刻感受中国共产党经过血与火洗礼形成的革命信仰，从而帮助他们坚定马克思主义信仰，树立中国特色社会主义共同理想和共产主义远大理想，积极投身中国特色社会主义建设事业。

第二，红色文化具有爱国情感的激发作用，有利于激发广大人民群众的爱国情感。爱国，是人世间最深层、最持久的情感。红色文化作为中华优秀传统文化的重要组成部分，展现了以爱国主义为核心的伟大民族精神，积淀了深厚的爱国情感，在激发广大人民群众爱党爱国情感、厚植爱国主义情怀方面具有独特优势和重要作用。红色文化中的英雄事迹、历史遗址以及蕴含的红色精神，都是开展思想政治教育特别是爱国主义教育的宝贵财富，具有极强的感染力和说服力。广大人民群众通过参观当地纪念馆、博物馆，观看红色电影、戏剧，阅读革命故事、红色小说，能更好地直观学习历史、认识历史、感受历史，深刻认识到只有走社会主义道路，才能实现国家富强、民族振兴和人民幸福。红色文化永不过时，各地应深挖、弘扬红色文化，传承红色基因，以红色文化激发广大人民群众的爱国主义情感，增强其对祖国和民族的认同感，让爱国主义精神深入人心。

第三，红色文化具有文化自信的提升作用，有利于增强广大人民群众的文化自信。红色文化传承中华文明，在不同历史时期提炼和凝聚了各具特色的先进思想文化，如长征精神、抗洪精神等。这些先进文化基因在伟大实践中得到传承和发展，不仅丰富了我国文化宝库，也增强了民族复兴的信心。红色文化的特色价值体系，是抵御不良文化的“有力武器”，值得广大人民群众学习和传承。由此可见，学习和传承红色文化，有利于传承红色基因，帮助广大人民群众树立正确文化观，增强文化自觉和文化自信，提升民族凝聚力、向心力。充分利用红色文化，使其服务于社会主义物质文明、政治文明和精神文明建设，对推动我国社会主义文化建设意义重大。

第四，红色文化具有道德素质的教化作用，有利于提高广大人民群众的思想道德品质。人无德不立，国无德不兴。红色文化承载的精神内核与广大人民群众道德品质的塑造具有内在契合性。红色文化中凝聚着艰苦奋斗、诚实守信、不畏牺牲、勤俭节约等崇高道德品质，这些优良品质对提升广大人民群众的道德水平意义重大。而且红色文化中优秀人物事迹具有强大的感召力和说服力，对广大人民群众起到道德示范作用。学习和传承红色文化，发挥榜样人物的激励、示范效应，能促使广大人民群众自觉规范思想与行为，提升道德品质，进一步加强思想道德修养。因此，各地应利用红色文化开展思想道德教育，充分发挥其引领、教化作用，培养有道德、有修养的优秀公民。

特别需要强调的是，学校是开展思想政治教育的主阵地。在学校教育中，要充分发挥红色文化优势，积极利用红色文化资源，将其融入学校教育全过程，发挥红色文化资源的教育价值，传承红色基因，培养堪当民族复兴大任的时代新人。高校阶段是人生发展的重要时期，开展红色文化教育，不仅要在知识层面普及红色文化知识，更应坚持理论与实践相结合，让高校学生深入接触红色文化。要充分利用当地红色文化资源，采用多种实践教学方式，使红色文化在高校育人工作中发挥关键作用。

第2章

CHAPTER 2

红色文化融入建设类院校育人工作的路径研究

建设类院校通常是指以建设类专业为主的院校，涵盖中职、高职及本科阶段，其校名往往带有“建筑”“城建”等字样。建设类院校是我国重要的行业院校，为国家培养了大量建设类人才，是服务经济社会发展的重要育人育才机构。将红色文化融入建设类院校育人工作，对培养德才兼备的建设类人才具有重要意义。

2.1 红色文化融入建设类院校育人工作的重点

将红色文化融入建设类院校育人工作，既要体现红色文化融入普通院校育人工作的内容，也要突出其融入行业院校育人工作的特色重点。

2.1.1 在思想上，要突出建设类院校的职业精神

红色文化融入建设类院校育人工作，在思想上，要凸显建设类院校的职业精神。其一，要彰显奉献精神。建设类人才是我国成为基建大国的重要人力资源支撑，正是建设类人才的无私奉献，才创造了一个又一个建设奇迹。其二，要弘扬工匠精神。建设类行业关乎国计民生，容不得丝毫马虎，因此需秉持精益求精的态度，提升建设工程质量。其三，要倡导创新精神。作为国家支柱产业，建设类行业的创新对推动经济社会发展、

提升国际竞争力意义重大。其四，要培育节约精神。建设类行业工程规模庞大，发扬节约精神能够提高效率，避免不必要的资源浪费。

2.1.2 在内容上，要突出建设类院校的行业文化

红色文化融入建设类院校育人工作，在内容上，要突出建设类院校的行业文化：一方面，要聚焦具有红色文化特征的行业特色工程，如红旗渠、青藏铁路等；另一方面，要宣扬建设类行业的模范人物，例如大国工匠，将其树立为学习榜样。同时，需紧密结合建设类行业的发展实际。

2.1.3 在方法上，要突出建设类院校的实践特性

红色文化融入建设类院校育人工作，在方法上，要突出建设类院校的实践特性：一方面，需结合建设类行业实践，让学生在实践中感悟红色文化；另一方面，要结合地方建设实践，引导学生积极参与，提升思想境界。

2.2 红色文化融入建设类院校德育课教学研究

德育课是建设类院校课程育人的主渠道和主阵地。将红色文化融入建设类院校德育课教学，能够充分发挥红色文化的教育功能，助力建设类院校学生成长成才。

2.2.1 红色文化融入建设类院校德育课教学的重要意义

红色文化融入建设类院校德育课教学的重要意义，主要体现在以下六个方面。

（1）有助于实现建设类院校德育课教学育人目标

建设类院校德育课教学旨在回答“培养什么人、如何培养人、为谁培养人”这一根本问题，落实立德树人、铸魂育人任务，为国家培育德才兼备的建设类人才。红色文化与建设类院校育人工作核心内容紧密相连，存在深刻内在联系。建设类院校育人工作以中华优秀传统文化、中国革命文化、社会主义先进文化为重要支撑，其中中国革命文化是红色文化的主体，社会主义先进文化是对革命文化的继承与发展。因此，借助红色文化资源开展育人工作，能够更有效回答建设类院校育人根本问题，实现立德树人的根本目标，为国家培养更多具有高尚品德和坚定信念的建设类人才。由此可见，红色文化融入建设类院校德育课教学，有助于达成建设类院校德育课教学的育人目标。

（2）有助于丰富建设类院校德育课教学的内容

建设类院校德育课教学内容是育人工作的重要素材，也是发挥德育课主渠道作用的根本资源。建设类院校德育课程与红色文化存在高度一致的内在联系。一方面，德育课程从多视角、多层面探讨中国共产党人的崇高理想与坚定信念，涵盖中国革命和建设历程中涌现的英雄人物及其崇高品德。例如，在革命岁月里，无数先烈为推翻帝国主义、封建主义和官僚资本主义“三座大山”，不懈探索救国救民道路，甘愿牺牲自我换取人民幸福自由，确保后世不再受压迫。革命先烈的爱国情怀与坚定信念，所彰显的集体主义、爱国主义和艰苦奋斗精神，正是建设类院校学生成长所需的精神养分。另一方面，建设类院校德育课程内容包含党的发展历程，以及不同历史阶段形成的革命和建设理论、方针、路线、政策等。将红色文化融入德育课程，能让学生更生动直观地认识英雄人物，产生敬仰之情，铭记英雄事迹；同时帮助学生准确理解历史，树立正确历史观，抵御历史虚无主义思潮。显然，红色文化的融入丰富了教学内容，使理论知识更具体、更贴近实际。由此可见，红色文化融入建设类院校德育课教学，能极大丰富其教学内容。

（3）有助于创新建设类院校德育课教学的方法

红色文化所蕴含的文献资料、遗址遗迹等教学资源，可用于创新建设类院校德育课教学方法。例如，可采用案例教学法，选取红色文化中的经典案例和本土案例，帮助学生更好理解理论知识，提升教学效果；采用情境教学法，利用红色文化中的故事和人物构建教学情境，让学生深切感受革命、建设时期的奋斗艰辛，深化理论认知；在条件允许的情况下，采用实地教学法，带领学生参观红色文化相关工程或遗址，通过现实与历史的对话，帮助学生深刻理解中华民族奋斗历程，提升教学成效。由此可见，红色文化融入建设类院校德育课教学，有助于创新其教学方法。

（4）有助于加强建设类院校德育课教学互动

红色文化既是建设类院校德育课教学的重要内容，也是重要载体。教师利用红色文化资源，可在德育课教学中增设互动环节，提升教学效果。例如，依据红色文化内容设置讨论环节，选取贴近建设类院校专业的主题，引导学生畅所欲言；设置辩论环节，锻炼学生思辨能力，提升思想境界。由此可见，红色文化融入建设类院校德育课教学，有助于加强教学互动。

（5）有助于提升建设类院校德育课教学亲和力

运用红色文化资源能显著增强德育课程的亲和力。红色文化资源包含党领导人民革命和建设的众多艺术作品，如红色剧目、传说故事、红色歌曲等，这些内容直观感性，感染力和吸引力强，生动展现军民鱼水情、烈士英勇事迹和民众对党的拥护，极具情感冲击力。建设类院校学生年龄尚轻，情感丰富但理论思维和政治意识相对薄弱，常对政治理论缺乏兴趣，认为德育课程只是枯燥说教。但这并非学生不喜欢德育课，而是传统德育课程参与度低、效果不佳的体现。相较于枯燥的理论知识，红色剧目、故事、歌曲等直观感性的红色文化资源更易被学生接受。与传统德育课程的“理性教育”不同，红色文化资源更注重“情感教育”，融入德育课程可实现“情理交融”。例如，通过解读《红旗渠》等红色影视作品，能激发学生学习兴趣，提高参与度，引导学生聆听中国故事，传承红色文化，构建中国精神、中国价值、中国力量，落实立德树人目标。由此可见，运用红色文化资源不仅能丰富德育课程内容，还能通过讲述革命故事、传唱红色歌曲等生动感性的方式，触动学生心灵，激发爱国情感和集体主义精神，帮助学生理解中国历史文化，增强民族自豪感和文化自信。将红色文化资源与德育课程结合，既能提升课程吸引力和教育效果，又能培养学生综合素质，为其成长为有责任感和使命感的公民奠定基础。因此，红色文化融入建设类院校德育课教学，能提升德育课的亲和力。

（6）有助于增强建设类院校德育课教学趣味性

建设类院校德育课程常被学生视为单调乏味、缺乏吸引力。然而，巧妙运用红色文化资源，将情境教学与实践教学相结合，能有效改变这一状况，让德育课程内容变得生动鲜活。红色文化资源包括红色工程、革命老区、历史遗址、革命领导人故居与工作地，以及红军遗物等，为德育课程提供了丰富教学素材。建设类院校可精心策划，合理引入红色工程、遗址遗迹等资源，通过讲述历史故事、展示图片视频等方式，增强教学趣味性和吸引力。教师在运用时需把握适度原则，避免从趣味性走向低俗，确保为学生带来愉悦的精神体验。通过这种教学方式，既能激发学生学习兴趣，又能引导学生从中获得有益启示，实现思想道德提升。由此可见，红色文化融入建设类院校德育课教学，有助于增强其教学趣味性。

2.2.2 红色文化融入建设类院校德育课教学的基本原则

红色文化融入建设类院校德育课教学，要遵循以下基本原则。

（1）学生的主体性原则

红色文化融入建设类院校德育课教学，要遵循学生的主体性原则。德育课的教学对象是学生，将红色文化资源融入德育课程，应以学生为中心。具体而言：其一，要关注学生的理解水平。红色文化资源融入德育课时，需匹配学生的认知水平和学习能力，避免超出其接受范围而影响育人效果。其二，要关注学生的学习需求，不应将红色文化内容生硬地灌输给学生，而应根据学生的心理特点和成长需要，筛选适配的红色文化资源。其三，要关注学生的应用需求。教师要让学生感受到所学内容能够学以致用，以此激发其参与红色文化学习的热情。

（2）理论联系实际原则

红色文化融入建设类院校德育课教学，要遵循理论联系实际原则。红色文化资源对于建设类院校德育课教学而言，是学生理论联系实践的关键纽带。以红色文化为内容和载体，通过开展研究性学习、课堂讨论等活动，让学生将所学知识加以应用，使学生更好地理解德育课教学内容。比如，对于建设类院校德育课教学而言，可以将具有红色文化特色的建筑或者工程作为教育素材，深入挖掘具有红色文化特色的建筑或者工程背后的事件以及人物，凸显其中蕴含的红色精神，让学生通过鲜活的素材受到深刻的教育。

（3）有机结合原则

红色文化融入建设类院校德育课教学，要遵循有机结合原则。

首先，德育课程应与建设类院校人才培养目标保持一致。

依据建设类院校各专业的培养目标和课程大纲，德育课程需坚持其铸魂育人的核心宗旨，增强德育课程的科学性、针对性和实效性，将德育课程与课程思政紧密结合，使该结合贯穿于整个德育教学活动中，使红色文化资源有效融入课程思政。

其次，课程教学应与教学改革成果相结合。将红色文化资源融入建设类院校德育课程教学内容，应广泛采用先进的教学方法，积极开展德育教学改革研究，探索包括案例教学、研讨式教学、专题式教学、启发式教学、混合式教学等多种教学方式，整合并优化教学内容，科学规划教学内容，实现教学、学习与实践的结合，使理论与实践一体化。

最后，信息技术与传统教学方法应相融合。一方面，应将网络德育教学平台与建设类院校德育课传统课堂相结合。根据课程内容和学生特点，利用网络德育教学平台作为传统教学方法的有力补充，结合案例分析、情景模拟、小组讨论、启发引导等教学手段，激发学生积极思考和实践的兴趣，提升教学成效。另一方面，应将信息技术与建设类院校德育课传统教学方法相结合。在深刻理解现代教育技术与传统教学方法关系的基础上，合理有效地运用网络技术、虚拟技术、视频资源等，优化教学流程，提升教学质量和效率。

（4）全面创新原则

红色文化融入建设类院校德育课教学，要遵循全面创新原则。其一，红色文化融入建设类院校德育课教学，要实现教学理念创新，坚持以人为本，按照“三全育人”“课程育人”理念，来组织内容，实施教学。其二，红色文化融入建设类院校德育课教学，要实现教学内容创新，充分挖掘红色文化资源，将红色文化资源课程化，转化为建设类院校德育课教学内容，使红色文化发挥其教育作用。其三，红色文化融入建设类院校德育课教学，要实现教学方法创新，要根据教学内容，采用情境教学法、体验教学法等教学方法，改变课堂教学方法单一的问题。其四，红色文化融入建设类院校德育课教学，要实现教学手段创新，充分发挥教学软件、新型信息技术的作用，使课堂教学实现多媒体教学、仿真情景教学。

（5）开放原则

红色文化融入建设类院校德育课教学，要遵循开放原则。一方面，要不断挖掘红色文化资源，将红色文化资源作为教学素材，持续融入建设类院校德育课教学中，使建设类院校德育课教学中的红色文化内容能够不断更新、发展。另一方面，要不断创新红色文化资源与建设类院校德育课内容的结合形式，采用学生乐于接受、喜闻乐见的形式来组织红色文化内容，避免出现内容固化的现象。

（6）贴近原则

红色文化融入建设类院校德育课教学，要遵循贴近原则。其一，红色文化融入建设类院校德育课教学，要贴近时代主旋律，与时代同频共振，只有这样，才能让学生感受到红色文化的价值。其二，红色文化融入建设类院校德育课教学，要贴近学生的现实生活，只有这样，才能让学生在生活中不断深化对红色文化的理解，增强学习红色文化的兴趣。其三，红色文化融入建设类院校德育课教学，要贴近学生的思想现状，要根据学生关心的话题和困惑的现象，有的放矢地设置红色文化内容。

2.2.3 红色文化融入建设类院校德育课教学的主要优势

红色文化融入建设类院校德育课教学的主要优势，有如下四个方面。

（1）红色文化与建设类院校德育课内容上相关

红色文化与建设类院校德育课内容上相关，可以使红色文化与建设类院校德育课有机结合。不难理解，红色文化中蕴含着丰富的德育内容，这些德育内容与建设类院校德育课内容相一致。其中，建设类院校德育课的部分内容本身就来源于红色文化，因此，红色文化与建设类院校德育课内容高度重合，将红色文化融入建设类院校德育课教学，只是在原内容的基础上加宽加深，毫不违和。

（2）红色文化与建设类院校德育课形式上互补

红色文化与建设类院校德育课形式上互补，可以使红色文化与建设类院校德育课协同发挥育人效果。建设类院校德育课以理论教学为主，内容过于抽象的同时，难免枯燥乏味，学生在学习理解时，由于缺乏必要的体验基础，会出现理解困难的问题。红色文化的内涵与建设类院校德育课内容相近，但却非常鲜活，都是具体的人、事、物，了解红色文化，有助于学生进一步理解建设类院校德育课的内容。

（3）红色文化与建设类院校德育课效果上互促

红色文化与建设类院校德育课效果上互促。一方面，红色文化可以促进建设类院校德育课教学的开展，比如可以丰富建设类院校德育课教学的内容、创新建设类院校德育课教学的方法等，使建设类院校德育课教学效果获得更大的提升。另一方面，红色文化融入建设类院校德育课教学，也同样有利于红色文化的传播。在建设类院校德育课教学中学习红色文化，能让更多学生认识红色文化、了解红色文化、认同红色文化，使红色文化得到更好的传播。

（4）红色文化与建设类院校德育课实施上互融

红色文化与建设类院校德育课实施上互融。由上可知，在一定程度上说，建设类院校德育课教学的开展，有着弘扬红色文化的作用，同时，弘扬红色文化，有利于建设类院校德育课教学的开展。有了这个认识基础，可以放开思路，不仅在建设类院校德育课教学的开展中融入红色文化，也可以在弘扬红色文化的时候凸显德育教学，比如，可以开展红色文化的相关主题讲座，来补充建设类院校德育课教学开展中的不足，进而通过弘扬红色文化，强化建设类院校德育课的教学内容。

2.2.4 红色文化融入建设类院校德育课教学的实施策略

红色文化融入建设类院校德育课教学的实施策略，主要有以下四个方面。

（1）需衔接德育小课堂与社会大课堂

红色文化融入建设类院校德育课教学，需衔接德育小课堂与社会大课堂。将建设类院校德育课程与社会实际紧密结合，推动理论知识与社会实践深度融合，是提升德育课程实效的重要路径。通过将红色文化融入建设类院校德育教学，有助于实现德育课程培养德才兼备人才的目标。红色文化资源涵盖革命年代至社会主义建设时期形成的丰富文化特质，时间跨度广、内容丰富，具有深厚历史底蕴和文化内涵。然而，学生与红色文化资源所处的历史背景和生活实际存在较大差异，这可能导致学生难以深刻理解红色文化资源蕴含的深层意义与精神实质，使其感到内容抽象难懂。在此情况下，红色文化资源易被简单"标签化"，引发学生误解与反感，影响其对红色文化融入德育课程的接受度和参与热情。因此，教师需深入研究如何在红色文化资源知识体系与学生日常生活间搭建桥梁，促进二者融合，有效缩小学生与红色文化资源的心理距离，激发情感共鸣，使红色文化在学生心中扎根，并转化为实际行动。显然，通过引导学生了解社会，打破建设类院校与社会的壁垒，将德育小课堂与社会大课堂相结合，创新教学策略与方法，高效运用红色文化资源，能够进一步增强学生对红色文化的理解与认同，推动德育教学的深化拓展。

（2）应全面深入实施课程思政

红色文化融入建设类院校德育课教学，应全面深入实施课程思政。红色文化资源不仅与建设类院校德育课程紧密相连，还与众多学科领域密切相关。因此，红色文化的德育功能不应局限于德育课程，而应拓展至建设类院校各专业课程教学，在各学科中深入挖掘和应用。建设类院校各学科教学内容与红色文化资源存在直接或间接联系，通过课程思政传播红色文化，能够激发学生对专业知识的兴趣，培养人文关怀，提升学习的主动性和积极性。建设类院校必须将德育工作贯穿教育教学全过程，确保红色文化资源全面融入学科专业课程，充分发挥其立德树人作用，实现全员、全过程、全方位育人。要将红色文化资源有效融入其他学科专业课程，全面实施课程思政，还需进一步加强研究探索，确保红色文化资源的深度发掘与整合。如此，红色文化资源不仅能丰富教学内容，还能多渠道帮助学生树立正确的价值观和世界观，为培养具有社会责任感和历史使命感的建设类人才奠定坚实基础。

（3）需广泛吸纳红色文化内容

红色文化融入建设类院校德育课教学，需广泛吸纳红色文化内容。首先，将红色音乐融入德育课程，有助于增强建设类院校德育课教学的吸引力。音乐作为艺术形式，能够营造氛围、激发情感。在红色革命时期和社会主义建设过程中，党带领人民创作并流传下许多经典歌曲。这些歌曲展现了人民面对困难和牺牲时的乐观精神，歌颂了红色领袖与英雄，体现了勇于改革创新的勇气。红色歌曲主题积极向上、风格激昂，具有强大的感染力和激励作用。建设类院校德育课教学常涉及抽象理论，学生学习时易感到单调乏味、难以掌握。适时引入红色歌曲，能显著提升教学效果。教师使用红色歌曲时，可简要介绍创作背景与历程，帮助学生深入理解红色历史；同时需注意适度使用，确保其服务于德育课程，避免喧宾夺主，并合理控制课堂时间，防止影响其他教学内容。其次，将红色故事融入德育课程，可提升建设类院校德育课教学的吸引力和感染力。在党的领导下，革命和建设历程中涌现出众多感人至深的真实故事，蕴含丰富道德教育资源。教师在德育课上适时讲述这些故事，能有效吸引学生注意力、激发学生兴趣。教师应广泛阅读相关书籍，确保故事真实可信，避免传播无根据或主观臆造的内容；合理控制故事数量，防止偏离课程主题；讲述时结合评论深入分析，挖掘理论深度，注重故事的教育意义，引导学生树立正确价值观念，培养爱国情怀和社会责任感。再次，将红色题材影视作品融入建设类院校德育课教学，有助于提升课程吸引力。影视作品形象生动、通俗易懂，已成为大众喜爱的娱乐形式，通过视频叙事传递正能量，能对观众产生深远影响。在德育课教学中恰当运用红色题材影视作品，可显著提升教学吸引力。教师可在学期初推荐一系列优秀红色题材影视作品，鼓励学生课余观看并撰写观后感；或作为慕课教学资源。使用时应精心挑选经典、优质作品，确保教育性优先，在寓教于乐的同时，保持德育教育的严肃性和正确性。最后，推广红色书籍能够显著提升建设类院校德育课教学效果。红色书籍主要是指描绘党领导人民进行革命与建设历程的小说或纪实作品，内容积极向上、文字生动易懂，深受学生喜爱。建设类院校可开设红色经典书籍专柜，方便学生借阅；同时建立电子数据库，突破时间和空间限制，提高理论传播效率与覆盖面。

（4）要不断创新德育教学方法

红色文化融入建设类院校德育课教学，要持续创新德育教学方法。创新教学方法是推动红色文化融入建设类院校德育课教学发展的动力。选择具体教学方法时，需注意以下三点：其一，依据红色文化资源特点选择教学方法，如部分资源适用案例教学法，部分资源适合情境教学法，确保德育内容与教学方法适配。其二，结合学生接受习惯选择教学方法。现代学生更倾向于参与式与体验式学习，因此应加强参与性与体验性教学方法的运用。其三，不断完善教学方法，促进红色文化与课程内容有机融合，避免二者脱节，推动红色文化深度融入课程内容。

2.3 红色文化融入建设类院校实践教学研究

实践育人是建设类院校育人工作的重要形式，红色文化融入建设类院校实践教学，具有重要的教育作用。

2.3.1 红色文化融入建设类院校实践教学的重要意义

红色文化融入建设类院校实践教学的重要意义，具体有如下四个方面。

（1）有助于建设类院校学生学习红色历史

红色文化融入建设类院校实践教学，有助于建设类院校学生学习红色历史。红色文化作为中国共产党在革命和建设历程中留下的宝贵遗产，详细记录了壮阔的奋斗历史和众多英雄人物的感人事迹，宛如一幅幅历史的长卷。因此，红色文化资源是学生学习红色历史的绝好素材。具体来说，红色文化资源对于学生学习红色历史的促进作用，主要体现在以下两个方面：

一方面，红色文化资源形式多样、分布广泛，这使得学生能够通过多种方式轻松接触红色历史，不受地理位置的限制，帮助学生在红色文化资源营造的历史氛围中重温革命和建设的岁月。另一方面，随着红色文化资源的持续开发和利用，目前的红色文化资源已经不再仅限于简单物品的展示，而是结合了详尽的历史资料和现代技术（如光影、声音等），将艰苦的革命和建设环境以及革命英雄的情感世界融合展现，生动再现历史场景，有效缩短了历史的距离感，增强了历史的体验感，让历史教育变得更加生动和直观，让学生能够理解和感受到红色历史的深远意义和重大价值。因此，红色文化融入建设类院校实践教学，利用红色资源作为实践主题和实践素材，可以推动红色历史教育的开展，让学生知史明理。

（2）有助于建设类院校学生继承优良传统

红色文化融入建设类院校实践教学，有助于建设类院校学生继承优良传统。红色文化不仅体现了中华民族的传统美德，还深刻地反映了无产阶级的坚定信仰，蕴含着丰富的人文精神、高尚的理想情操和优良的传统。这些内容对于培育学生道德、规范学生行为，具有重要的意义。尽管当前所处的时代在不断进步，社会和物质条件也有了显著的改善，但修养道德、规范行为依然非常必要，学生的精神意志和道德情操仍然需要进一步的锤炼和提升。在新时代，红色文化中的自力更生、艰苦奋斗、实事求是等优良传统，依然对学生的思想成长和言行规范有着重要的作用。因此，要充分认识到，红色文化作为革命和建设历史的宝贵结晶，承载着无法估量的精神财富，其优良的传统已经深深地印刻在历史中，成为不可磨灭的一部分。红色文化融入建设类院校实践教学，可以深入地解读红色文化的表象与深层含义，让学生体验和理解革命、建设的优良传统，有助于提升学生的道德修养、规范学生的具体言行，进一步提升学生的思想境界，在红色文化的引导下，在优良传统的熏陶下，为将来成为优秀的建设类人才打下坚实的基础。

（3）有助于建设类院校学生激发参与热情

红色文化融入建设类院校实践教学，有助于建设类院校学生激发参与热情。实践育人工作是立德树人、铸魂育人的重要举措。但不可否认的是，在目前一些建设类院校中，实践育人工作的开展还流于形式。一方面，一些建设类院校的实践育人工作，往往缺乏具体的内容，在宏大的实践主题下，却很少有充实的素材，在这种情况下，很多学生对于实践育人工作缺乏应有的热情。另一方面，一些建设类院校的实践育人工作，往往缺乏足够的变化，相同的实践活动重复使用，活动形式僵化、活动内容老旧，也在很大程度上降低了对学生的吸引力。红色文化融入建设类院校实践教学，为建设类院校实践育人工作提供了更为丰富的实践主题和更为鲜活的实践内容，改变了建设类院校实践育人工作流于形式的问题，激发了建设类学生参与实践育人活动的热情。比如，对于建设类院校来说，如果将实践育人活动与红色文化中的伟大工程联系起来，就会让学生更具参与感，更能激发学生对实践育人活动的热情与兴趣。

（4）有助于建设类院校学生强化自身体悟

红色文化融入建设类院校实践教学，有助于建设类院校学生强化自身体悟。对于建设类院校来说，实践育人工作的目的并不是实践，而是育人，需要通过实践教学的形式，让学生有所体悟。也就是说，建设类院校实践育人工作是通过实践教学，提升学生的思想境界，达到入脑入心的效果。因此，如何强化学生的自身体悟，是建设类院校实践教学的重中之重。红色文化融入建设类院校实践教学，对于强化学生的自身体悟有着非常明显的作用。一方面，红色文化融入建设类院校实践教学，为学生提供了真实鲜活的红色文化史料，以红色文化史料为载体开展实践教学，能够带给学生更为强烈的体验感，学生也会端正态度，积极地参加到实践教学中来。另一方面，红色文化融入建设类院校实践教学，为学生提供了丰富的红色文化资源，包括各种红色场馆和遗址遗迹，以这些红色文化资源为基础，可以创新实践教学形式，让更多的学生参与到实践教学中来，在扩大实践教学覆盖面的同时，也能够提升实践教学的教学质量，从而强化学生的自身体悟，帮助学生成长成才。

2.3.2 红色文化融入建设类院校实践教学的基本原则

红色文化融入建设类院校实践教学的基本原则，有如下四个方面。

（1）主体性原则

红色文化融入建设类院校实践教学，要遵循主体性原则。所谓主体性原则，是指在实践育人过程中，建设类院校应当确立学生的主体地位，同时教师承担起指导总体方向的重要职责。

对于红色文化融入建设类院校实践教学来说，应当以学生的成长需求来确定红色文化资源的内容，并选择实践教学的具体模式和方法。教师需要利用现有的红色文化资源，精心挑选适合实践教学的主题，确保这些主题能够激发学生对红色文化资源的兴趣，引导学生自发地深入探索红色文化资源的深层含义。通过这样的探索，学生不仅能够深刻理解红色文化的核心价值，而且还能主动吸收其精神内涵，积极地将这种精神传播给他人。这类探索过程有助于学生提升学习红色文化的成效，使学生能够在实践中不断成长和进步。

（2）便宜性原则

红色文化融入建设类院校实践教学，要遵循便宜性原则。对于建设类院校来说，在实践教学中应用红色文化资源，要充分考虑获取红色文化资源的难度和成本，寻找方便易得的红色文化资源来应用于实践教学。一方面，对于建设类院校来说，在实践教学中应用红色文化资源，其红色文化资源获取的成本要低，要尽量节省经济成本和时间成本，确保实践教学可以顺利实现。如果选择经济成本和时间成本高的实践教学项目，很可能最终因经费问题和课时问题而难以付诸行动。另一方面，对于建设类院校来说，在实践教学中应用红色文化资源，其红色文化资源的获取应简单易行，比如在选取红色工程、红色场馆和红色遗址遗迹的时候，要尽量选取当地的红色工程、红色场馆和红色遗址遗迹，这样在进行实践教学的时候，就能够更加方便有效地利用。同时，当地的红色工程、红色场馆和红色遗址遗迹也与当地文化息息相关，更贴近学生的生活和学习，也更能被学生所接受。

（3）客观性原则

红色文化融入建设类院校实践教学，要遵循客观性原则。红色文化融入建设类院校实践教学，要注意以下两点。其一，要根据历史背景来评价红色文化。如对红色人物，应当将其放置在当时的时代背景和社会环境之中，进行全面和深入的考量。其二，要结合对现代的影响来学习红色文化。要根据当前社会发展、学生需求，整合红色文化资源，从原有的红色文化中提炼出新时代所需的精神元素，并应用于实践教学，这也是红色文化融入建设类院校实践教学的关键所在。

（4）教育性原则

红色文化融入建设类院校实践教学，要遵循教育性原则。红色文化融入建设类院校实践教学，要明确以下两点。其一，明确红色文化的教育意义。红色文化作为中国文化宝库中不可或缺的一部分，不仅承载了丰富的革命精神和历史文化的深厚内涵，而且与学生在思想、政治、道德和心理素质方面的需求高度契合，是对学生开展理想信念教育、集体主义教育、爱国主义教育和社会主义教育的重要文化内容。对于建设类院校来说，以红色文化为基础开展实践教学活动，可以丰富和提升学生个性，完善人格，调整和优化价值观念，从而促进学生的全面发展和健康成长。其二，明确实践教学的教育重点。实践教学要有一定的教育重点，否则，红色文化融入建设类院校实践教学，很可能变成“红色旅游”，从而弱化教育功能。教师应该充分挖掘红色文化资源中的育人元素，形成全面、系统、有效的实践教学课程，只有这样，才能发挥红色文化的教育功能。

2.3.3 红色文化融入建设类院校实践教学的主要优势

红色文化融入建设类院校实践教学的主要优势，有以下四个方面。

（1）国家政策对红色文化实践的支撑

红色文化融入建设类院校实践教学，离不开国家政策对红色文化实践的支撑。无论是中央还是地方，都意识到了红色文化资源在新时代教育活动中的重要性，并相继颁布了各级政策和指导方针。这些政策和指导方针既包括保护和建设红色文化资源的文件，也涵盖了将红色文化资源融入各级育人工作的文件。这些措施极大地提升了社会对红色文化资源的关注度，为红色文化融入育人工作提供了政策支撑。对于建设类院校来说，要充分利用这些政策和指导方针，根据建设类院校实践育人的实际情况，制定红色文化融入建设类院校实践教学的相关措施；在开展实践育人工作的基础上，兼顾地方红色文化传播，拓展红色文化实践教学的场所，推动红色文化融入建设类院校实践教学。

（2）可利用的红色文化资源非常丰富

红色文化融入建设类院校实践教学，具有丰富的可利用红色文化资源。其一，红色文化资源丰富多样，体现在其由“人、事、物、魂”构成的有形和无形展现。对于建设类院校而言，实践教学需要借助实物和事件，增强学生的参与感和体验感，以提高教育效果。红色文化资源的多样性为实践育人提供了新途径，实现了两者的有机结合，将红色文化资源所蕴含的核心价值观和精神实质融入建设类院校的实践教学中。其二，地方红色文化更贴近学生。很多地区在长期革命、建设历程中积累了众多具有特色的红色文化资源，这些资源分布广泛，为建设类院校的实践教学提供了丰富的本地素材，为建设类院校实践教学的深入实施创造了条件。同时，地方特有的红色文化资源，见证了中国革命、建设历史的进程，典型事件与典型人物共同铸就了地方独有的红色文化遗产。建设类院校在实践教学过程中，应充分挖掘和利用地方红色文化资源，使之更有效地服务实践教学，增强学生对地方红色文化的认同。

（3）可利用红色文化资源弥补实践教学资源不足的问题

红色文化融入建设类院校实践教学，可利用红色文化资源弥补实践教学资源不足的问题。其一，红色文化资源能解决建设类院校实践教学经费不足的问题。对于建设类院校而言，实践教学的实施往往需要实践教学经费的支持。对资金有限的建设类院校来说，红色文化资源的丰富性为实践教学提供了有效解决途径。建设类院校可借助本地红色文化资源，打造具有特色的实践教学基地，开发符合本校需求的实践教学课程，为学生提供持续的实践学习机会，进而节省实践教学经费。其二，红色文化资源能解决建设类院校实践教学教师不足的问题。对于建设类院校而言，实践教学教师不足是影响实践教学开展的一大问题。教师通常需要指导众多学生，有时甚至超过百人，由于教师资源有限，难以对每位学生都进行个别指导。运用多样化的红色文化资源，可以增强学生对实践教学的兴趣和参与度，使学生从依赖教师指导实践转变为自主实践，减轻教师的指导工作量。同时，红色工程、红色场馆和红色遗址遗迹的工作人员，也可作为指导教师参与学生的实践指导。

（4）可实现红色文化与行业文化的协同教学

红色文化融入建设类院校实践教学，可实现红色文化与行业文化的协同教学。红色文化承载着党和人民对民族独立、人民解放、人民幸福的不懈追求，我国各行各业的建设过程中，都积淀着丰厚的红色文化。比如在建设年代，各行各业的劳模精英，都是行业红色文化的代表，如大庆的铁人王进喜、鞍钢的老英雄孟泰等。因此，很多红色文化都涉及到行业发展，换句话说，行业文化中也蕴含着红色文化的元素。对于建设类院校来说，要挖掘建设类行业中的红色文化元素，利用建设类行业中的英模人物、英雄事迹、伟大成就，来作为实践育人的重要素材，开展实践教学。在这种情况下，红色文化与行业文化实现了协同教学，更有利于学生热爱建设类行业，为学生成为一名合格的建设类人才奠定坚实的思想基础。

2.3.4 红色文化融入建设类院校实践教学的实施策略

红色文化融入建设类院校实践教学的实施策略，主要有以下四个方面。

（1）要衔接课程教学

红色文化融入建设类院校实践教学，要衔接课程教学。红色文化融入建设类院校实践教学，旨在加强和提升实践体验环节，强化学生对德育课程内容的理解。因此，红色文化融入建设类院校实践教学，并不是要脱离德育课，而是要与德育课相衔接。所以，红色文化融入建设类院校实践教学，需主动寻找红色文化资源与德育课程相结合的切入点，实施红色文化资源与德育课程相结合的实践教学活动，让红色文化资源转化为德育课程的教学素材，同时让德育课程成为传播红色文化资源的平台，从而构建起积极互动的教育模式。一方面，建设类院校在课堂教学中，可以在现有的德育课程中加入红色文化资源教育专题，如通过播放展现近代中国人民抗击外来侵略的纪录片，引导学生学习历史，理解革命和建设的根源，激励学生承担起中华民族伟大复兴的历史责任。另一方面，在条件允许的情况下，建设类院校可以组织学生参观红色工程、红色场馆以及红色遗址遗迹等，利用红色文化资源开发实践教学课程，开展实践教学。

（2）要丰富教学内容

红色文化融入建设类院校实践教学，要丰富教学内容。一方面，红色文化融入实践教学，建设类院校要开发本地红色文化资源，挖掘其中的思政元素，联合红色工程、红色场馆以及红色遗址遗迹等共建红色文化实践教学基地，并充分利用基地开展多样化实践教学活动。另一方面，红色文化融入实践教学，建设类院校要充分挖掘行业文化中的红色元素，将红色文化与行业文化深度融合。在学生实习实践中设计具有红色文化特色的实践活动，让学生在行业实践中潜移默化地提升思想境界。

此外，还应关注社会公益活动，通过开展融入红色文化的公益实践，对学生进行实践教学。

（3）要创新教学形式

红色文化融入建设类院校实践教学，要创新教学形式。首先，要强化场景式情境教学。在红色文化资源的实践教学中，通过场景式情境教学，有效利用红色工程、红色场馆以及红色遗址遗迹等场所资源，让学生在红色文化资源的场景和事件氛围中，增强感悟并引发心灵震撼，实现教学目的和育人功能。红色工程、红色场馆以及红色遗址遗迹等红色文化资源是革命精神和建设精神的具体体现和物质承载，利用这些红色资源，能够让建设类院校学生亲身体验到先烈们为革命英勇献身的历史时刻和无私奉献的精神风貌。在实践活动中，设计让学生与场景“对话”、与情境“交流”的环节，帮助他们深入了解先进人物和感人细节，从而促进自我反思和提升。其次，要强化主题型叙事教学。在红色文化资源的实践活动中，采用主题型叙事教学方式，充分利用口述历史、革命事迹、伟人传记以及回忆录等原始资料，调动实地场所、历史背景、事件过程等叙事元素。如向学生展示和还原真实的革命历史和事件，引导学生形象地理解先烈们的坚定信仰、价值选择和崇高精神，在叙事教学活动中进行具体的价值引导。通过学生自主叙事的方式，充分展现学生在实践中的主体性，加深其感悟和体会。最后，要加强参与性教学。在红色文化资源的实践活动中，运用参与性教学，让学生在瞻仰革命遗迹、缅怀先烈英模的实践中，探索红色文化资源的精神实质和思想内涵，促使学生实现认知和行为的统一。在实践活动中，通过参观红色工程、革命遗址，体验革命生涯，寻访先烈英模，研读革命著作等方式，增强实践教学活动的吸引力和实际效果，引导学生在红色文化资源的育人功能下，实现自信、自觉与自强。

（4）要注重学生评价

红色文化融入建设类院校实践教学，要注重学生评价。一方面，要重视学生评价。实践教学的评价历来难以得到重视，这影响了实践教学的效果。因此，红色文化融入建设类院校实践教学时，要重视学生评价，以此激发学生的参与热情。另一方面，要侧重于发展性评价。在红色文化融入建设类院校实践教学中，针对学生存在的不足，给予针对性的指导，从而引导、促进学生成长，提升学生的思想境界。

2.4 红色文化融入建设类院校网络德育研究

随着互联网技术的发展，网络已经成为人们发布和接收信息的主要途径。在此背景下，基于互联网的德育工作成为建设类院校育人工作的重中之重。将红色文化融入建设类院校网络德育，也是红色文化融入建设类院校育人工作的重要环节之一。

2.4.1 网络德育的审视

网络德育是基于互联网开展的德育工作，是当前德育工作的重点领域之一。

（1）网络德育的含义

网络德育，顾名思义，是以互联网为教育平台开展德育工作的育人方式。通常，网络德育也被称作网络思想政治教育，或简称为网络思政教育。由于高校学生的信息交流主要依赖互联网，近年来，网络德育在高校育人工作中占据着越来越重要的地位。

（2）网络德育的特点

和一般意义上的德育工作相比，网络德育具有以下四个特点。

其一，网络德育具有开放性。网络德育具有开放性，源于开放的网络信息。由于网络信息开放，在网络平台开展德育工作时，教学内容也呈现开放性。其不仅内容丰富，且信息获取不受时间地点限制。相较于传统课堂教学，网络德育开放性高，学生能够在任何时间、任何地点，依据自身需求选择网络德育内容。

其二，网络德育具有引导性。网络德育的引导性，体现在实施网络德育工作并非像德育课堂那样进行知识传授，而是更注重引导，助力学生自主获取德育知识、接受德育教育、参与德育实践，教师的角色也从传授者转变为引导者。

其三，网络德育具有多元性。网络德育的多元性，是指其内容形式与获取渠道均呈现多元化。一方面，在网络德育中，教师提供的内容形式多样，不仅有文本，还涵盖图片、音频、视频等形式，有条件的院校还能提供虚拟仿真教育资源。另一方面，在网络德育中，学生获取的内容不仅来自教师，还可能来自其他院校甚至社会媒体。

其四，网络德育具有时代性。网络德育的时代性，是指其内容通常要紧跟时代发展，紧扣时事热点。只有这样，才能激发学生的学习兴趣，凸显网络德育相较于一般德育工作的优势，取得更好的德育效果。

（3）网络德育的分类

网络德育的分类，主要有以下三个方面。

其一，网络课程。网络课程是网络德育的重要形式。通过网络课程，学生可以自主学习网络德育的相关知识。通常情况下，学生可以在合适的时间、合适的地点，通过网络课程来进行自主学习，这样大大地提升了学习的自由度。

其二，网络实践。网络实践同样是网络德育的重要形式。院校通过开发实践项目，可使学生可以获取大量的实践资源，从而突破现实教学中实践资源短缺的局限；还可以利用现代信息技术，开发虚拟仿真实践资源，增强网络实践教学的真实性和体验感。

其三，网络文化。网络文化也是网络德育的重要形式。学生可以通过阅读与德育相关的网络信息，加深对德育内容的理解。需要说明的一点是，由于网络信息良莠不齐，学生在获取网络信息并阅读的时候，要注意分辨信息的真实性和合理性，必要的时候可以寻求教师帮助。

（4）网络德育的发展

网络德育的发展，有以下三个趋势。

其一，网络德育逐渐社会化。网络德育打破了高校教育的藩篱，将高校德育与社会德育内容相融合，使德育不再局限于高校。学生通过网络能接触到社会上的德育内容，在这种情况下，网络德育逐渐走向社会化。

其二，网络德育主体学生化。网络德育的出现，改变了教师作为知识持有者的地位，使学生通过网络能够接触更多的关于德育的知识。在这种情况下，学生成为网络德育的主体，在更多时候，他们可以根据自身的需要，来选择自己感兴趣的德育内容。

其三，网络德育模式互动化。网络德育的出现，改变了以往在德育过程中只能面对面交流的状况。教师与学生、学生与学生、学生与其他人，都可以通过网络平台进行德育方面的交流，进而提升自身的思想道德水平。

2.4.2 红色文化资源的网络化

红色文化资源是红色文化融入建设类院校网络德育的载体，更是红色文化融入建设类院校网络德育的关键所在。但红色文化资源处于现实世界中，因此，实现红色文化资源的网络化，是红色文化融入建设类院校网络德育的关键。

（1）红色文化资源网络化的必要性

红色文化资源网络化的必要性，主要体现在两个方面。

一方面，红色文化资源网络化有助于红色文化的保存。不难理解，无论是书籍、物品，还是遗址遗迹，现实生活中的红色文化资源的保存总是有一定年限的，并且受环境制约，其保存完整度也是参差不齐的。可以预见的是，随着时间的推移，红色文化资源必定会一点点地消失。在这种情况下，保留珍贵的红色文化资源成为发展和传播红色文化的重要任务。将红色文化资源网络化，虽然不能在现实世界中帮助保存红色文化资源，但可以留下红色文化资源的珍贵文本、图片及影像，对于在未来利用红色文化开展教育活动，具有重要的意义。

另一方面，红色文化资源网络化有助于红色文化的传播。将红色文化资源网络化，使红色文化资源有机会在互联网上传播，在这种情况下，网络化的红色文化资源可以被更多的人所关注、所转载，也能够影响更多的人，这正是红色文化网络传播的关键所在。

(2) 红色文化资源网络化的特征

红色文化资源网络化的特征主要体现在以下三个方面。

第一，现实与虚拟相结合。红色文化资源的形成和演进深深植根于革命与建设的历史之中，这些资源不仅承载着历史记忆，也蕴含着丰富的教育意义和时代价值。目前，在现实环境下，红色文化资源的利用与红色文化的传播存在一定的局限性：一方面，受众群体受限，主要集中在特定年龄层和知识群体；另一方面，传播方式较为单向，即信息的传递主要由传播者向接收者进行，缺乏互动和反馈。通过互联网技术，红色文化资源可以跨越时空限制，触达更广泛的受众，实现更高效的传播。比如，通过数字化手段让历史场景和事件得以生动呈现，借助创新的传播方式和平台，激发公众对红色历史的兴趣和参与，从而推动红色文化的传承与发展。

第二，共性与个性相结合。红色文化资源贯穿了近代以来中国各个重要的发展阶段，是一种独特的文化现象。随着时代的不断进步和社会的快速发展，红色文化资源正面临着一个迫切需要解决的挑战：如何将这种普遍性的文化资源与当前社会日益增长的个性化需求相结合。目前，网络化发展提供了一个可能的解决方案。网络化的主要优势在于，在开放的网络平台上，通过运用富有个性的符号、图像以及其他数字媒介，可以极大地促进不同文化之间的交流与融合，不同受众可以在网络平台上有选择地吸收红色文化。

第三，烦琐与简便相结合。对于红色文化来说，传统传播方式显得复杂，例如过分追求形式多样性而忽略针对性；过分强调细节而忽略创新性；过分注重现场感染力而忽略持久性。网络化为简化这一过程提供了恰当的解决途径。它突破了旧有的模式和程序，使受众能够根据个人喜好和兴趣，直接挑选感兴趣的内容和形式，不再受时间、地点、设施等限制。这样，在享受便捷、灵活选择过程中，受众能够认同并感受红色文化资源的魅力。

（3）红色文化资源网络化的形式

红色文化资源网络化的形式主要有以下三种。

其一，网络文章、书籍。网络文章、书籍是红色文化资源网络化的文本形式，也是红色资源网络化最基础、最常见的形式。

其二，纪录片。纪录片是红色文化资源网络化的重要形式，通过纪录片，人们能够了解红色文化发生、发展的真实历史。

其三，艺术作品。艺术作品包括影视作品、音乐作品、绘画作品等。艺术作品同样是红色文化资源网络化的重要形式。通过艺术作品，红色文化可以发挥其强大的感染力，对受众产生深远的影响。

（4）红色文化资源网络化的现状

红色文化资源网络化的现状主要体现在以下三个方面。

其一，网络化程度逐步提升。随着互联网的普及以及人们对红色文化资源需求的日益加强，红色文化资源的网络化进程正在加速推进。

其二，网络化内容良莠不齐。目前来看，红色文化资源网络化的内容良莠不齐，有的红色文化网络资源制作精良，有的红色文化网络资源则粗制滥造，甚至还存在抄袭现象。

其三，网络化内容利用率不高。虽然红色文化资源网络化趋势明显，但不可否认的是，目前红色文化资源网络化内容的利用率并不高，很多红色文化资源的网络化内容仍处于闲置状态。

2.4.3 红色文化融入建设类院校网络德育的重要意义

红色文化融入建设类院校网络德育的重要意义，有如下四个方面。

（1）有助于提升德育的趣味性

红色文化融入建设类院校网络德育，有助于提升德育的趣味性。不难理解，红色文化融入建设类网络德育，使德育的内容更加多元化、形式更加多媒体化。在网络德育中，学生不仅可以看到更为丰富的文本内容，还能看到形式鲜活的影像资料，甚至可以利用虚拟仿真技术构建可体验的网络空间。这就摆脱了以往课堂枯燥乏味的德育形式，使学生更有兴趣地参与到德育活动中来。

（2）有助于节约德育的成本

红色文化融入建设类院校网络德育，有助于节约德育的成本。一方面，红色文化融入建设类院校网络德育，节约了经济成本。在课堂教学中可以采用无纸化教学，在实践教学中可以通过虚拟情境进行教学。另一方面，红色文化融入建设类院校网络德育，节约了时间成本。教师不必再单独安排时间用于红色文化的德育活动，而是可以指导学生利用互联网，使用网络资源，学习红色文化的内容，开展网络德育。

（3）有助于提升德育的效率和质量

红色文化融入建设类院校网络德育，有助于提升德育的效率和质量。一方面，红色文化融入建设类院校网络德育，有助于学生在不同时间、不同地点开展德育活动，大大提升了德育活动的效率；另一方面，红色文化融入建设类院校网络德育，通过多种形式的网络德育资源，能够加深学生对德育内容的理解，提升建设类院校德育工作的质量。

（4）有助于传播红色文化

红色文化融入建设类院校网络德育，有助于传播红色文化。一方面，当红色文化融入建设类院校网络德育后，学生通过网络资源了解红色文化，促使红色文化在学生群体中不断传播；

另一方面，学生作为主体参与网络红色文化资源建设，能够丰富网络红色文化资源，也有助于推动红色文化的传播。

2.4.4 红色文化融入建设类院校网络德育的基本原则

红色文化融入建设类院校网络德育，需要遵循以下四点原则。

（1）真实性原则

红色文化融入建设类院校网络德育，要遵循真实性原则。红色文化融入建设类院校网络德育的真实性原则，指的是在建设类院校网络德育中，红色文化的内容必须真实，既不能随意篡改，也不应为增强可读性而进行过度艺术加工。如果红色文化的内容失真，那么很容易使学生产生质疑，红色文化作为教育素材的权威性就会大大降低，网络德育的效果也会大打折扣。

（2）形象化原则

红色文化融入建设类院校网络德育，要遵循形象化原则。红色文化融入建设类院校网络德育的形象化原则，指的是在建设类院校网络德育中，红色文化的内容必须形象化，不能够依旧延续传统课堂教学枯燥乏味的形式，要对红色文化的内容进行形式上的提升，除了红色文化的文本内容外，还要积极采用红色人物形象、红色宣传海报、红色影视作品以及红色音乐等红色文化的教学资源，使红色文化的教育活动更加生动有趣。

（3）参与性原则

红色文化融入建设类院校网络德育，要遵循参与性原则。

红色文化融入建设类院校网络德育的参与性原则，指的是在建设类院校网络德育中，学生要作为学习主体参与到网络德育中。与传统的课堂教学不同，在网络德育中，教师的作用被大幅削减，学生在网络德育中的主体性得到进一步增强。因此，红色文化融入建设类网络德育，要鼓励学生积极参与到网络德育中来，主动地去了解红色文化、发掘红色文化、理解红色文化以及认同红色文化。

（4）智能化原则

红色文化融入建设类院校网络德育，要遵循智能化原则。红色文化融入建设类院校网络德育的智能化原则，是指在建设类院校网络德育中，要结合当下的人工智能技术，使红色文化的网络教育更加智能化。显然，随着人工智能技术的发展，人工智能技术与教育的结合愈发紧密。在网络德育中，可以充分利用人工智能技术，创造智能化的学习环境，让学生在智能化的学习环境中，与人工智能技术一道完成红色文化的学习任务。

2.4.5 红色文化融入建设类院校网络德育的主要优势

红色文化融入建设类院校网络德育的主要优势，体现在如下四个方面。

（1）可以充分利用现代信息技术

红色文化融入建设类院校网络德育，可以充分利用现代信息技术。随着现代信息技术的发展，信息技术与教育的融合愈加深入，利用信息技术开展教育活动已经成为大势所趋。红色文化融入建设类院校网络德育，可以通过将红色文化资源网络化，实现信息技术与德育的深度整合，充分利用现代信息技术，开展德育活动。在这种情况下，现代信息技术在德育领域得到了更为充分的应用。

（2）可以契合当代学生学习习惯

红色文化融入建设类院校网络德育，可以契合当代学生学习习惯。从目前来看，由于现代信息技术的发展以及互联网的普及，互联网已经成为学生获取信息的主要渠道。与传统课堂上的学习习惯不同，当代学生更习惯于依托互联网进行学习。红色文化融入建设类院校网络教育，使学生能够有机会在网络空间接触红色文化、学习红色文化，这契合当代学生的学习习惯。

（3）可以提供丰富优质学习资源

红色文化融入建设类院校网络德育，可以提供丰富优质学习资源。在传统的德育教学模式中，学习资源由教师掌控，因此提供给学生的学习资源是极其有限的。红色文化融入建设类院校网络德育，是将红色文化资源上传至网络空间，供学生自主学习，在这种情况下，学生可以接触更多的红色文化资源，并通过网络空间方便快捷地获取，更方便学生的自主学习和深入学习。

（4）可以创设鲜活便捷学习情境

红色文化融入建设类院校网络德育，可以创设鲜活便捷学习情境。传统的课堂教学往往过于枯燥，封闭的学习空间也很难激发学生的学习兴趣。红色文化融入建设类院校网络德育，在网络空间开展红色文化教育，可以通过网络空间多媒体融合的优势，利用丰富多彩的红色文化资源，为学生创设鲜活便捷的学习情境。

2.4.6 红色文化融入建设类院校网络德育的实施策略

红色文化融入建设类院校网络德育的实施策略，有如下六个方面。

（1）要搭建网络德育平台

红色文化融入建设类院校网络德育，要搭建网络德育平台。网络德育平台是红色文化融入建设类院校网络德育的重要载体，也是红色文化资源的重要依托。搭建网络德育平台，要注重以下两点。一方面，要加强网络德育平台运营团队的建设，成熟高效的运营团队是网络德育平台健康运营的重要保障。要建立功能完善，集策划、设计、制作、交流以及反馈于一体的运营团队，保障网络德育平台可以为学生的德育活动提供有效的空间。另一方面，要加强网络德育平台的功能建设，不仅要有丰富的红色文化资源，还要能与学生互动，同时能够接收学生的反馈信息，进而改进网络德育平台，丰富和完善网络德育平台的功能。

（2）要强化教师的网络素养

红色文化融入建设类院校网络德育，要强化教师的网络素养。在信息时代，教师的网络素养是最基本的素质之一，也是开展网络德育的必要条件。强化教师的网络素养，可以从以下两个方面着手：一方面，对教师进行集中培训，丰富教师的网络知识，让教师了解各种网络产品，为教师实施网络德育提供技术保障，方便教师更好地开展网络德育；另一方面，加强教师之间的交流，让教师在交流之中积累网络德育的经验，更好地驾驭网络教育活动，提升网络德育的效果。此外，要鼓励教师积极参与到网络德育资源开发、网络德育平台建设等活动中来，通过这些具体的活动，进一步提升教师的网络素养。

（3）要开发红色文化网络资源

红色文化融入建设类院校网络德育，要开发红色文化网络资源。开发红色文化网络资源，是建设类院校开展网络德育的重要内容之一。总的来说，开发红色文化网络资源，包括以下三个方面：其一，将现有的红色文化资源网络化，将红色文化的文本、图片、音频以及视频等，上传至网络德育平台，丰富网络德育平台的教育资源；其二，鼓励教师和学生提供自主开发的红色文化网络资源，丰富红色文化网络资源，在资源开发中促进师生教学相长；其三，选取社会上优秀的红色网络文化资源作为教学素材，上传至网络德育平台，供学生自学选用，拓展平台内容。

（4）要创新网络德育的教育方法

红色文化融入建设类院校网络德育，要创新网络德育的教育方法。比如，可以使用案例教学法，将红色文化的案例上传至网络德育平台，通过案例分析加深学生对理论知识的理解；可以运用榜样教育法，将红色文化中的名人事例上传至网络德育平台，让学生能够以红色文化名人为榜样，进一步规范自身行为；可以运用情境教学法，在网络空间利用现代信息技术构建虚拟情境，让学生身临其境体验红色文化，增强对红色文化的认同感。

（5）要完善网络德育的运行机制

红色文化融入建设类院校网络德育，要完善网络德育的运行机制。其一，红色文化融入建设类院校网络德育，要完善领导机制，应该由学校的宣传部门或者马克思主义教研部门牵头成立领导机构，负责领导红色文化融入建设类院校网络德育工作。其二，红色文化融入建设类院校网络德育，要完善激励机制：一方面，可以举办有关红色文化融入建设类院校网络德育的比赛和竞赛，引导教师和学生参与到德育活动中来；另一方面，可以将红色文化融入建设类院校网络德育工作纳入教师考核内容，与教师的考评相挂钩。其三，红色文化融入建设类院校网络德育，要完善保障机制，要保障红色文化融入建设类院校网络德育所需的人员、经费和设备，确保德育活动顺利开展。

（6）要注意发挥红色文化大“V”的作用

红色文化融入建设类院校网络德育，要注意发挥红色文化大“V”的作用。一方面，学校可通过专业自媒体平台，组织部分人员研发、传递红色文化内容，开展网络德育；另一方面，要鼓励学生通过个人自媒体平台制作、传播红色文化内容，实施网络德育。同时，对于社会上具有影响力的红色文化大“V”，要选取其优质内容作为网络德育素材。由此可见，红色文化融入建设类院校网络德育所需的红色文化大“V”，可以是教师、学生，也可以是有影响力的社会人士。

2.5 红色文化融入建设类院校校园文化研究

校园文化是学校物质、精神、制度和行为文化的统称。其中，物质文化包括建筑设计、校园景观、绿化美化；精神文化包括师风、校风、学风和文化氛围；制度文化包括各种规章制度；行为文化包括行为准则和具体礼仪。红色文化融入建设类院校校园文化，也是建设类院校育人工作的重要组成部分。

2.5.1 红色文化融入建设类院校校园文化的重要意义

红色文化融入建设类院校校园文化的重要意义，有如下四个方面。

（1）有利于丰富校园文化内涵

红色文化融入建设类院校校园文化，有利于丰富校园文化的内涵。要将红色文化融入校园文化，使其具备红色文化特质，赋予校园文化提升学生思想境界的教育功能。例如，在建设类院校中树立具有红色文化意义的纪念雕塑，学生可依据雕塑了解背后的红色英模和事迹，这有助于触动学生心灵，引导学生向红色英模学习、受红色事迹感染，进而让校园文化更加醇厚。

（2）有利于推动红色文化在校园内传播

红色文化融入建设类院校校园文化，有利于推动红色文化在校园内传播。当红色文化融入校园文化后，其既成为校园文化的内容，也充当校园文化的载体，在此情形下，有利于红色文化在校园内传播。比如，挖掘学校历史上的红色人物（如革命英烈、建设模范），宣传其事迹，学生在学习红色人物、了解其事迹的过程中，完成了红色文化的传播，而且这种传播不仅局限于校内，还能从校内延伸至社会。

（3）有利于实现潜移默化的育人效果

红色文化融入建设类院校校园文化，有利于实现潜移默化的育人效果。教育分为两种：一种是通过课程、教学和实践等方式开展的目标明确的教育活动，即显性教育；另一种是借助文化环境熏陶的教育，即隐性教育。将红色文化融入校园文化，创设出具有红色文化氛围的校园环境，可通过隐性教育，在日积月累中对学生施加教育影响，于潜移默化中完成文化育人，这正是红色文化融入建设类院校校园文化的优势所在。

（4）有利于提供育人活动场所

红色文化融入建设类院校校园文化，有利于提供育人活动场所。将红色文化融入校园文化，需对校园文化的硬件环境进行建设，如建造具有红色文化性质的雕塑、景观，建设红色文化纪念场馆等。这些具有红色文化特色的硬件环境，能够作为建设类院校开展红色文化育人活动的重要场所，在这些场所开展育人工作，显然能够进一步提升建设类院校的育人水平。

2.5.2 红色文化融入建设类院校校园文化的主要原则

红色文化融入建设类院校校园文化的主要原则，有如下四个方面。

（1）主题性原则

红色文化融入建设类院校校园文化，要遵循主题性原则。红色文化融入建设类院校校园文化，如果主题过于零散，则很难产生教育效果。因此，红色文化融入建设类院校校园文化要明确红色文化的主题，不要莫名其妙。比如，在校园内，树立一座红色文化名人的雕塑，要对该名人的生平事迹做简要的介绍，同时要明确其所体现的红色精神，这样才能充分发挥教育功能。

（2）艺术性原则

红色文化融入建设类院校校园文化，要遵循艺术性原则。红色文化融入建设类院校校园文化，既要注意红色文化载体的教育性，也要注意红色文化载体的艺术性。仍以红色文化名人的雕塑为例，不但要体现红色文化名人的形象以及表现出来的红色精神，同时也要注意雕塑的艺术感，使雕塑具有艺术感染性。只有这样，才能吸引学生，发挥红色文化的感染力。

（3）特色性原则

红色文化融入建设类院校校园文化，要遵循特色性原则。红色文化融入建设类院校校园文化，不要千篇一律，要注意其特色。只有这样，才能更好地体现红色文化的教育价值，更好地起到文化熏陶的作用。一方面，红色文化融入建设类院校校园文化，要在设计上独具匠心，选择具有特色、具有辨识度的红色文化资源，提炼学生感兴趣的文化主题。另一方面，红色文化融入建设类院校校园文化，要在利用红色文化资源方面具有特色，要根据红色文化资源的特点，举办相应的活动，强化校园文化中红色文化资源的教育作用。

(4) 契合性原则

红色文化融入建设类院校校园文化，要遵循契合性原则。红色文化融入建设类院校校园文化，要因地制宜，选择适合建设类院校校园文化的红色文化资源。比如，可以选择当地的红色文化资源，这类红色资源更容易发掘，也更容易与建设类院校的校园文化相契合；还可以选择建设类行业的红色文化资源，这类红色文化资源与建设类院校的专业相契合，更容易融入建设类院校的校园文化。

2.5.3 红色文化融入建设类院校校园文化的主要优势

红色文化融入建设类院校校园文化的主要优势，有如下四个方面。

(1) 内容丰富

红色文化融入建设类院校校园文化的优势在于内容丰富。红色文化资源是十分丰富的，不仅有新民主主义时期的革命文化，也有社会主义建设时期的建设文化以及改革开放时期的先进文化。这些红色文化资源，为建设类院校校园文化的丰富和完善提供了良好的素材。建设类院校可以根据需要选取红色文化资源，将其作为丰富和发展校园文化的重要内容，融入到校园文化中。

(2) 作用多元

红色文化融入建设类院校校园文化的优势在于作用多元。

红色文化资源的内容是丰富的，作用也是多元的。比如，有的红色文化资源彰显爱国主义精神，有的红色文化资源反映艰苦奋斗精神，有的红色文化资源体现集体主义精神等，这些文化资源可以从不同维度提升学生的思想境界。因此，将红色文化融入建设类院校校园文化，可以发挥红色文化资源多元化的作用，帮助学生全面成长。

（3）形式多样

红色文化融入建设类院校校园文化的优势在于形式多样。红色文化融入建设类院校校园文化，可以采用雕塑、景观的形式，场馆的形式，宣传栏的形式，社团活动的形式，纪念活动的形式，以及校园文创产品的形式等实现。由于红色文化融入建设类院校校园文化的形式多样，使得红色文化的覆盖面和影响力更大，更有利于学生的思想境界提升。

（4）效果持久

红色文化融入建设类院校校园文化的优势在于效果持久。由于红色文化融入建设类院校校园文化，可以持续地、全面地融入到学生的学习生活中，所以，在红色文化长期的影响下，学生能够深受红色文化影响，由此产生的教育效果也更为持久。

2.5.4 红色文化融入建设类院校校园文化的实施策略

红色文化融入建设类院校校园文化的实施策略，有以下四个方面。

（1）要塑造与红色文化相关的校园景观

红色文化融入建设类院校校园文化，要塑造与红色文化相关的校园景观。校园景观也被称为校园文化景观，是校园内建筑、雕塑等景观的统称。通常来说，校园景观有三点作用：其一，校园景观可以美化校园，给校园师生带来美的感受，是师生校园生活的重要点缀；其二，校园景观可以体现院校风貌，比如很多院校的景观包含行业内知名人士塑像、纪念性建筑等，既有纪念意义，也是院校的一种宣传；其三，校园景观可以体现院校精神，校园景观的主题及其背后的故事，是陶冶学生情操的重要的内容。将红色文化资源融入校园景观建设，有助于为师生创造一个积极的红色文化学习环境，促使建设类院校的学生主动汲取红色文化，同时提升红色文化资源的使用效率。通过将红色文化资源与校园景观设计相结合，打造具有特色的空间体验和文化氛围，能够提升师生的思想境界。

（2）要打造与红色文化相关的主题活动

红色文化融入建设类院校校园文化，要打造与红色文化相关的主题活动。为了提升建设类院校学生对红色文化资源的认知，除了德育课程外，还应开展多种多样的红色文化资源教育活动。建设类院校可以邀请红色文化研究专家来校进行爱国英雄事迹和革命历史的宣讲；举办全校范围内的红色文化征文活动，并设立专栏和板报来宣传红色爱国主义和艰苦奋斗的精神；以校园广播站为平台，在校园内播放革命歌曲；组织红色文化资源知识问答、红色文化资源主题演讲比赛、革命歌曲竞赛等活动，使学生在学习、思考、表达和歌唱中深入了解红色文化；

利用假期时间，带领学生参观纪念馆、烈士纪念碑，以缅怀先烈的革命斗争历史；在国庆节、抗战胜利纪念日等重要节日，在校园内举办革命人物和事迹展览，或邀请抗战纪念馆来校展示红色文化资源，确保红色文化在每位建设类院校学生心中扎根。

（3）要建设与红色文化相关的学生社团

红色文化融入建设类院校校园文化，要建设与红色文化相关的学生社团。建设类院校学生社团，作为校园文化建设的关键部分，担当着引领第二课堂的角色。这些社团以通过开展富有思想性、艺术性、知识性、趣味性且形式多样的活动，吸引了众多学生的热情参与。建设类院校应鼓励学生社团挖掘红色文化资源，抓住重大事件、活动和节假日等契机，举办积极向上的社团活动。通过这些活动，将红色传统、红色精神融入校园文化，让学生在参与过程中深刻体验红色文化资源的内在价值，进而提升思想境界。丰富多彩的校园红色文化活动，不仅为学生的校园生活增添了乐趣，也为他们的全面发展和能力提升搭建了良好平台。

（4）要建设与红色文化相关的和谐环境

红色文化融入建设类院校校园文化，要建设与红色文化相关的和谐环境。和谐文化是一种以和谐为核心理念的文化体系。在建设类院校中，校园和谐文化的构建体现了校园成员对历史、当下以及未来社会生活的认同、憧憬和追求。校园文化活动围绕促进人与自我、人与人、人与社会、人与自然的和谐关系展开，以这些关系为内容和目标，举办形式多样、内容丰富的活动。不同形式的文化活动相互补充、共同发展，各自发挥着独特或共通的作用。通过举办校园红色文化活动，能够明确方向与目标，引导校园物质文化、精神文化和制度文化协同建设，使建设类院校的校园文化活动形成相互激励、相互促进、充满活力与生机的局面，营造和谐的文化氛围。

第3章
CHAPTER 3

红色文化融入建设类院校理想抱负教育研探

在建设类院校育人工作中，理想抱负教育致力于塑造学生的精神特质，培养德才兼备的建设类人才。加强建设类院校的理想抱负教育，有助于学生确立高尚的理想、树立宏伟的抱负，鼓励学生将远大理想与实际生活相结合，使其在面对挑战和困难时，能够坚持不懈、勇往直前。同时，理想抱负教育能够帮助学生树立正确的人生观和价值观，让学生在未来的社会生活中，更好地服务社会、贡献力量。

3.1 理想抱负的基本认知

理想与抱负，二者就像是人生旅途中的罗盘，为人们指引方向，确保人们能够顺利地沿着正确的道路前行。对于建设类院校来说，理想抱负在学生的学习生涯和职业生涯中发挥着积极的引导作用。在培养建筑类院校学生的理想与抱负之前，要对理想与抱负这两个概念有深入透彻的理解。因为只有真正理解理想与抱负的意义，学生才能真正有效地树立起正确的理想与抱负。

3.1.1 理想抱负的基本内涵

理想抱负，代表了每个人心中对美好未来的期望和憧憬，是坚持不懈、永不放弃的追求精神，是人们人生规划中的灯塔，指引人们前行的方向，帮助人们实现自我价值，成为人们生命中不可或缺的重要目标和宏伟蓝图。

（1）理想的内涵

理想是人们在理性认识的基础上，对美好未来的深切向往和追求。理想首先必须建立在“理”之上，这意味着，从宏观的角度来看，理想应当与自然界和人类社会发展的基本规律相契合；从微观的角度来看，理想需要与人们的认知和常识保持一致。理想中蕴含了人们对现实事实与价值取向的双重判断，不仅仅是一种抽象的思维产物，而是具有实际意义的指导原则。理想还必须具备“想”的特质，即对未来的美好目标和所要实现的宏伟图景，要有一定的想象力和创造力，并进行合理的规划和设计。理想是个人内在愿望与外在条件相互作用的结果，既反映个人的意向，也受环境条件的影响。因此，理想的实现方式通常可以分为两种情况：其一，当一个人的理想是坚定不移的，那么，无论主客观条件如何变化，他或她都会保持对理想的忠诚和执着，始终如一地去追求；其二，当主客观条件发生变化时，理想可能需要人们进行现实性的调整和考量，即根据实际情况作出明智的抉择，以确保理想的实现既符合个人的愿景，又适应不断变化的环境。

（2）抱负的内涵

抱负，这个词汇蕴含着深远的意义。抱负是在坚定信仰的基础上形成的一种坚持不懈追求目标的决心。当一个人或一个组织确立了理想之后，会不遗余力地寻找方法，千方百计地将这些理想转化为实际行动，以期最终实现这些理想。抱负在理论与实践之间架起了一座桥梁，它不仅仅是一个简单的愿望，而是一整套包含努力目标、指导思想、行动纲领等在内的复杂设计。无论是组织还是个人，都拥有自己的抱负，它是推动人们前进的动力源泉。

从更宏观的角度来看，在政党和国家的层面上，抱负体现为一系列纲领或规划设计。这些设计反映了统治阶级或执政党的指导思想、意识形态或核心价值观。这些价值观通过各种媒介、教育体系、规章制度等途径，努力固化为人们的行为规则，以确保社会的稳定和有序发展。而从微观的视角来看，在群体和个人层面上，抱负则体现在集体规约或个人人生规划上。通过个人的持续努力和奋斗，这些抱负得以逐步实现，成为个人成长和成功的重要组成部分。

然而，抱负并非一成不变。它是在对现有条件进行深入审视和评估的基础上形成的。随着外部环境和内部条件的变化，抱负也可能需要相应调整。在某些情况下，人们可能会放弃原有的抱负，转而构建新的抱负，以适应新的挑战和机遇。这种适应性和灵活性是抱负的重要特征，使得抱负能够随着时代的发展而不断进化，确保个人和组织能够持续追求进步和发展。

（3）理想信念和理想抱负的区别

提到理想抱负，人们往往会想到理想信念。事实上，理想信念和理想抱负虽有相似之处，却也存在一定区别。理想信念构成了精神的根基，占据核心位置，着眼于大局；而理想抱负则指引着精神的方向，扮演着实用的角色，侧重于细节。理想信念和理想抱负在本质上具有相似性，但理想信念是根本的、潜在的、不易察觉的，理想抱负则是实用的、外在的、容易辨识的。理想抱负是个人思想核心的显著标志，对个人的思想发展起着关键作用，能够指引个人的成长路径，坚守个人的基本立场，规范个人的基本行为。

3.1.2 理想抱负的生成要素

理想抱负的生成要素，大致分为以下三个方面。

（1）历史要素

理想抱负并非凭空生成，需要一定的历史土壤。理想抱负生成的历史要素一般包括物质要素、精神要素，以及习俗规约等文化要素。社会发展不仅依赖社会经济的进步，也需要人们精神力量的支撑。社会经济的发展不断促进人们精神境界的丰富，同时人们精神境界的丰富也反作用于社会经济发展。物质要素是理想抱负生成的最深厚根基，设定理想抱负时，首先要考虑其是否有助于生产力的提高及物质要素的增加；同时，也要考虑精神要素的深远影响与文化要素潜移默化的作用，确保理想抱负的设定有助于精神要素的丰富与提升。

（2）政治要素

理想抱负生成的政治要素是理想抱负生成的直接要素，涉及社会的政治结构及其制度文化，具有强大的感召力。当前中国的理想抱负系统包含三个层面：最高层面是政治理想抱负，体现为对共产主义理想的执着信仰与追求；第二层面是道德理想抱负，展现为人们对理想人格和理想人际关系的向往；第三层面是生活理想抱负，表现为对美好生活图景的向往，包括新的生活模式、较高的生活水准以及良好的生活质量等。政治要素通过政治结构及其制度文化发挥影响力，政治理想往往是由政治要素直接催生的，始终是理想抱负生成的第一要素。

（3）文化要素

理想抱负生成的文化要素对于理想抱负的生成至关重要。理想抱负本身就是一种文化。文化伴随着人类文明的出现而出现，伴随着社会的发展而发展，其对理想抱负的影响主要表现为价值观的传承与发展。一方面，文化是理想抱负生成的精神纽带。无论是个人、群体还是民族，其理想抱负都归属于社会集体意识的文化共同体，在人们参加社会实践的过程中孕育成长，其间呈现出各种价值观的碰撞与交流。在这个过程中，个人心中的愿望上升到整个社会的集体意识之中，从而为形成日后固守的理想抱负奠定了基础。另一方面，文化是培养理想抱负的重要依托。与政治要素相比，文化的影响力更加注重对软实力的渗透。理想抱负的构建是离不开文化环境熏陶的，理想抱负是否具有穿透力与持久力，并不取决于各种命令，而是取决于它能否内化于心。

3.1.3 理想抱负的主要特征

理想抱负的主要特征，有如下四个方面。

（1）稳定性

理想抱负具有稳定性的特征。理想抱负是从历史经验和自身实践中不断总结出来的，不是一朝一夕形成的。当人们接受到的思想观点上升为理想抱负时，不仅仅有理性上的认同，更有感性上的支持，从而形成了坚不可摧的理想抱负。可见，即使在理性上对所坚持的理想抱负有所怀疑，感性上的支持也会在很大程度上打消这种怀疑，从而使理想抱负更加稳定。事实证明，人们对理想抱负的坚持并非毫无根据，而是在对历史发展过程的实践经验和客观规律总结的基础上，得出的理性判断。同时，理想抱负的稳定性还在于每个人的坚守。众所周知，一个不能始终坚守自己理想抱负的人，是缺乏定力的，也是难以被信任的。当然，理想抱负的稳定性是相对的，必须时刻与实际相结合，在实践中不断检验理想报负，才能让其内容始终与时俱进，让人们更信服、更坚定地拥护。

（2）社会性

理想抱负具有社会性的特征，原因有两点：一方面，拥有理想抱负的主体是人，人的自然属性是人存在和发展的前提，人的社会属性是人的本质属性，因为人的生产活动具有社会性，所以人们的理想抱负也具有社会性，也必须结合社会考量，与社会发展的现状息息相关，不可能脱离社会的发展水平，否则就是空想。另一方面，理想抱负的形成，是人们通过社会实践而确立的，实践的另一个重要属性就是其具有社会历史性，理想抱负也不例外。因此，不能离开社会实践空谈理想抱负，否则只是夸夸其谈。

（3）科学性

理想抱负具有科学性的特征。理想抱负是在对社会历史经验及发展规律进行总结的基础上形成的观念，它客观系统地总结了历史上实践经验的方方面面。从历史发展的进程中可以很明显地看到，任何一个时代的社会实践都是需要科学的理想抱负来引导其发展。理想抱负是否科学，既离不开社会实际中的应用，更离不开实践的检验。

（4）丰富性

理想抱负具有丰富性的特征。理想与抱负密切联系、相互作用，共同组成了理想抱负。理想是多样的，有社会理想、个人理想、政治理想以及社会经济理想等；抱负也是多样的，有科学抱负、道德抱负、生活抱负、政治抱负以及社会经济抱负等。理想抱负的多样性来源于人们生活实践的丰富性和生活需要的多样性。理想抱负的多样性，并不意味着这些理想抱负相互分离或在本质上存在差异。多样性是差异和相同的对立统一，理想抱负之间并不相互排斥，而应求同存异，融合各个层次的理想抱负，形成科学统一的共同理想抱负。

3.2 建设类院校学生理想抱负教育的意义价值

从促进学生自身发展维度来看，理想抱负教育对于学生的成长成才有着极其重要的现实意义；从促进民族、国家、社会进步维度来看，理想抱负教育对于民族复兴目标的实现有着重要的时代价值。对于建设类院校来说，实施理想抱负教育有助于培养志向远大、勤勉奋斗的建设类人才。

3.2.1 理想抱负教育对于学生成长成才的现实意义

对于建设类院校学生来说，理想抱负是其精神支柱和驱动力源泉。在学生的成长成才过程中，理想抱负发挥着进一步引导、激励以及支撑功用。

（1）为学生发展提供精神驱动力

对于建设类院校学生来说，理想抱负能够推动实践并指导实践，为学生提供精神驱动力，促进思想成长。当然，理想抱负要发挥功用，需进一步转化为情感驱动力、意志驱动力。目前，部分学生存在理想抱负动摇、缺乏顽强意志、追求低俗情感等问题，这些因素严重影响着学生的成长与发展。通过理想抱负教育，可以帮助学生树立正确的理想抱负，促使理智驱动力、情感驱动力和意志驱动力良性结合，有力地促进学生成长。

（2）有助于学生筑牢精神家园

对于建设类院校学生来说，正确树立理想抱负，能够完善其精神世界，对言行起到有效指引作用。在社会转型期，学生容易出现精神困惑，表现为人性迷失（如逃避崇高）、信仰危机（如利己拜金）、道德滑坡（如追求享受）等，以及彷徨迷茫、消极颓废等精神状态。通过理想抱负教育，能够进一步引领学生构建精神家园，提升其精神归属感以及自我认同感，帮助学生筑牢精神家园根基。

（3）有助于学生实现人生理想

对于建设类院校学生来说，实施理想抱负教育，可以帮助学生正确认识社会追求与个人追求的关系，引导学生把个人追求与社会追求结合起来，在实现民族复兴理想的过程中，实现自己的个人追求。当前，部分学生把个人追求与社会追求割裂开来，在生活追求上，追求物质享受，追求悠闲自在，追求花前月下；在职业追求上，贪恋安逸，重视晋升，重视待遇；在道德追求上，自私自利，道德水准较低。个人追求脱离社会追求，既不利于学生的成长成才，也对社会发展有害。通过理想抱负教育，可以进一步引导学生处理好个人追求和社会追求的关系，正确处理个人权益与集体权益的关系，理性追求个人的合理权益，帮助学生把个人追求融入社会追求之中，在实现共同追求的过程中实现个人追求，进一步引导学生立足专业实践，为实现共同理想作出自己的贡献。

3.2.2 理想抱负教育对民族复兴的时代价值

中国当前处在民族伟大复兴的关键时期，对于建设类院校学生来说，开展理想抱负教育可以促进学生成长成才，为建设类行业补充新鲜血液，添砖加瓦，对于实现中华民族伟大复兴有着重要的时代价值。

（1）有助于坚持中国道路

对于建设类院校学生来说，加强理想抱负教育，可以指引学生认识到为实现中华民族伟大复兴必须坚持中国道路，增强学生对中国特色社会主义道路的理论认同、实践自觉与道路自信。

其一，加强学生理想抱负教育，帮助学生形成对科学理论的理性认同。习近平新时代中国特色社会主义思想具有鲜明的理论特色，指导中国改革开放实践，具有独特的理论魅力。加强学生理想抱负教育，可以帮助学生更好地理解理论，从而更好地理解中国道路。

其二，加强学生理想抱负教育，帮助学生正确认识社会历史发展规律，能够进一步增强学生走中国特色社会主义道路的自觉性。“以史为鉴，可以知兴替”，历史教育可以帮助学生树立正确历史观。在与近现代史的对比中，学生能够更好地理解社会主义制度确立前落后挨打的历史，以及社会主义制度确立后的辉煌历程。通过历史对比，让学生理解中国特色社会主义道路对中国发展的重大意义，将理想抱负建立在正确的历史认知上，鼓舞其为实现中华民族伟大复兴奉献力量。

其三，加强学生理想抱负教育，帮助学生准确把握国情，能够增强学生对中国道路的自信。理想以现实为基础，确立目标先要认清现实。要激发学生奋斗热情，先要帮助学生认清国情，进一步认清自己奋斗的现实舞台。对学生开展国情教育，一方面，能让学生认识到我国仍处于并将长期处于社会主义初级阶段的基本国情没有变，必须弘扬艰苦奋斗的精神，贡献智慧力量；另一方面，能让学生深入了解新中国成立以来的辉煌成就，从鲜明事实中体会社会主义制度的优越性，从而坚定对中国道路的自信。

（2）有助于弘扬中国精神

对于建设类院校学生来说，加强理想抱负教育，有助于引导学生为实现中华民族伟大复兴而努力，弘扬中国精神。对学生进行爱国主义和改革创新思想教育，能够让其理想抱负成为团结奋进、凝聚人心的力量。加强学生理想抱负教育，要将爱国主义教育与社会主义教育相统一，夯实中国精神的基础，以中国精神进一步激发学生的民族自信心、自尊心以及自豪感，进而强化思想教育。因此，加强学生理想抱负教育，要将弘扬中国精神作为教育工作的重点。

（3）有助于凝聚中国力量

对于建设类院校学生来说，加强理想抱负教育，可以帮助学生更加深刻理解实现中华民族伟大复兴的重大意义，为中华民族伟大复兴贡献力量，从而为凝聚中国力量作出自己的贡献。伟大的建设事业，需要人民群众群策群力来完成。当前，加强学生理想抱负教育，要求学生增强责任意识，树立责任感；同时，要求学生增强大局意识，树立大局观；此外，要求学生增强服务意识，树立服务精神。只有这样，经过理想抱负教育，学生才能充满责任感，勇于担当，全身心奉献；才能从全局高度、用长远眼光观察当下形势、分析问题；才能具有服务精神，为人民努力奋斗。在这种情况下，建设类院校学生才能成为建设类行业的栋梁之才，成为祖国建设合力的一分子。

3.3 建设类院校学生在理想抱负方面存在的问题

目前来看，对于建设类院校来说，虽然大多数学生已经开始具有明确的理想抱负，但其中存在的问题也不可忽视。

3.3.1 西方文化冲击造成部分学生理想抱负模糊

随着对外开放的深化，学校意识形态日趋复杂化。对于建设类院校学生来说，其价值观选择更加多维，意识形态领域的斗争也十分严峻。

西方势力对中国开展各种渗透活动，借助各类载体，竭尽全力传播其价值观和生活方式。在文化领域，一些西方势力将文艺作品（如电影、电视剧等影视作品）作为文化载体向学生输出意识形态，向学生渗透享乐主义、娱乐主义、消费主义思想，宣传个人主义、利己主义等不良价值观；在互联网领域，西方势力凭借其科技优势，将自媒体空间作为意识形态斗争的主要场所，散布一些与主流价值观相悖的言论，这些言论极具迷惑性与欺骗性。

学生时代感强，在接受新事物时往往以自我为中心。由于"三观"尚未成熟，学生极易受到影响，导致政治信仰模糊。就学生群体而言，因其理论水平有限，对制度优越性的认识存在局限性，虽对党怀有感情，但又受西方思潮影响，对党的领导和当前发展道路缺乏深层次认同，对时事政治关注较少。在这种情况下，部分学生的理想抱负往往会出现动摇甚至模糊，影响其成长成才。

3.3.2 互联网多元化思潮造成部分学生理想抱负虚无

全球进入互联网时代，信息传播数量多、范围广。互联网空间开放性的特点，使得信息传播主体和接受主体变得多元化。网络内容鱼龙混杂，传递着重物质权益、重个人权益，轻精神追求、轻社会责任等错误观念，同时，腐朽的个人主义、功利主义、娱乐主义、拜金主义、消费主义等错误思想从现实世界蔓延至虚拟世界。这些错误思想与其他多元文化、思潮相互交织，在海量的网络资讯中极易冲击学生理想抱负的原有结构。

在传统媒介环境下，价值思想呈一元发展格局。一方面，社会主流意识形态对学生的启迪与引导作用显著，使得整个社会理想抱负状况相对稳定；另一方面，传统媒体传播信息的渠道相对有限，信息传播不够便捷，社会价值观念和信仰受外来思想的冲击较小。

在互联网环境下，各种文化思想观念、社会思潮呈现多元化趋向，并通过多个渠道传播发展。互联网上各类思潮的交织、碰撞、激荡，导致学生面临众多选择与考验，进一步冲击着他们的理想抱负。由于在互联网环境下主流思想面临多元思潮的竞争，学生对主流思想的认同呈现多元化倾向，这使得学生对原有理想抱负产生困惑，进而难以在多元信息中确立新的理想抱负，导致理想抱负出现模糊化、虚无化倾向。

目前，理想抱负的虚无化现象在部分学生身上表现明显。有的学生自认为洞悉世事，秉持“虚无主义”心态，生活松散疲沓，学业不思进取，缺乏奋斗目标；有的学生选择“躺平”，消极度日，对生活与学业敷衍了事。同时，部分学生的理想抱负出现“短视化”倾向：有的只关注个人利益，对社会热点与国家发展漠不关心，将人际关系简化为利害交换；有的过度追逐名利地位，将物质财富（如房产、金钱等）作为唯一目标，忽视精神追求与社会责任，背离了理想抱负的崇高价值。

3.3.3 认识不深刻造成部分学生政治立场不坚定

当前，部分学生对意识形态问题理解不深，甚至无法准确回答相关问题，这致使其政治立场不坚定，具体表现如下。

其一，政治学习懈怠。部分学生学习意识淡薄，对中国国情和政治缺乏全面认识与热情。在德育课学习中，态度不端正，甚至有学生存在抵触情绪，对德育课毫无兴趣，遇到理论学习和组织活动，常常拒绝参加，认为这些课“没用”。

其二，政治心理不成熟。部分学生受各类错误思潮影响严重，思想混乱。例如，部分学生受历史虚无主义思潮影响，从而动摇政治立场；部分学生受功利主义思想影响，对贫富差距现象缺乏理性思考，滋生唯利益至上的观念；等等。

其三，政治动机不纯。部分学生政治参与目的存在功利化倾向。例如，部分学生入党动机不纯，将入党作为求职、获取利益的筹码。

3.3.4　利己主义思想盛行造成部分学生价值选择错位

我国社会经济处于转型期，思想文化多元多变，在此背景下，利己主义思想在部分学生中盛行，导致其价值选择错位。一方面，从宏观层面来看，金钱至上的功利主义、享乐主义思想，催生出极端个人主义，使得部分学生更加以自我为中心，精致利己主义抬头。部分学生在确立理想抱负时，忽视个人人生价值实现、民族复兴和国家发展等崇高追求，更关注自身利益得失，往往基于利益考量作出人生重大决策，致使理想抱负趋于功利化。另一方面，从微观层面而言，部分学生的利己主义思想在就业选择上体现得尤为突出。他们未将服务社会、报效国家和人民作为就业的根本宗旨，当个人利益与国家利益、集体利益发生冲突时，部分学生倾向于选择个人和家庭利益，过度偏重个人利益实现，这充分反映出其社会责任感的弱化。在具体就业过程中，建设类院校许多学生将就业目标锁定在大城市的大型单位，对偏远地区及国家急需人才的地区缺乏热情与奉献精神。

3.4　红色文化融入建设类院校理想抱负教育的实施路径

红色文化中蕴含着理想抱负的元素，展现着理想抱负的色彩，红色文化融入建设类院校理想抱负教育的实施路径，大致包括以下四个方面。

3.4.1 要加强理论教育

红色文化融入建设类院校理想抱负教育，要加强理论教育。

一方面，对于建设类院校来说，要加强红色文化融入理想抱负教育的课堂教学。其一，开发红色文化融入建设类院校理想抱负教育的专题课程。通过红色文化明确学生的理想抱负，帮助学生认识到什么是理想抱负。在选择教学材料的时候，要结合学生的学习和生活实际，满足学生的基本需求。其二，创新红色文化融入建设类院校理想抱负教育的教学方法。尽量避免枯燥乏味的讲授式教学，可以采用讨论式教学进行理想抱负教育，让学生畅所欲言，分享自己对于理想抱负的理解，在不同观点的交流和碰撞中，加深学生对理想抱负的理解。同时，在讨论过程中，也可以不断丰富红色文化资源，使红色文化能够帮助学生更好地理解理想抱负的含义。其三，提升红色文化融入建设类院校理想抱负教育的教学手段。采用多媒体教学形式，提升课堂教学效率，让学生有更多机会参与到教学中来，增强学生的参与感和体验感。

另一方面，对于建设类院校来说，要加强学生关于红色文化融入理想抱负的自主学习。理想抱负终究是学生自身的追求，因此，树立明确、正确的理想抱负，需要学生自身加强对理想抱负的学习。其一，学生可以查阅资料，丰富自身关于理想抱负的知识，拓宽知识面，更好地理解理想抱负的内涵。其二，学生可以组成理想抱负研究小组，定期讨论，不断交流见解，逐渐明确并树立理想抱负。

3.4.2 要向榜样学习

红色文化融入建设类院校理想抱负教育，要向榜样学习。为了将红色文化的精髓和精神实质融入到建设类院校理想抱负教育之中，必须加强和提升优秀榜样的影响力和示范作用。红色文化中的榜样人物，不仅是历史的见证者，更是生动的范例，其展现出的品质和精神具有强大的吸引力和凝聚力，能够激励和鼓舞学生。对于建设类院校来说，应当充分认识到榜样人物示范效应的重要性，将榜样人物的理想抱负作为教育内容，融入到学生的日常学习和生活中，使理想抱负教育不再是一种空洞的说教，而是与学生的实际生活紧密相连，成为学生成长道路上的指引灯塔。在挑选和树立这些榜样人物的过程中，应当充分考虑建设类院校学生群体的特殊性，满足其学习需求和成长需求，确保榜样人物的形象和事迹能够引起学生的共鸣，从而更好地发挥榜样人物的教育作用。

3.4.3 要加强网络引导

红色文化融入建设类院校理想抱负教育，要加强网络引导。

一方面，为了将红色文化深入融入到建设类院校理想抱负教育之中，必须强化网络正面引导的作用。互联网作为一个快速获取知识和信息的重要渠道，对于建设类院校学生来说，其重要性不言而喻。因此，有必要充分利用网络资源，对学生进行理想抱负教育，如整合网络上丰富多样的红色文化资源，形成以理想抱负为主题的专题课程，放置于网络平台，引导学生在网络平台上学习相关的专题课程。

另一方面，为了将红色文化深入地融入到建设类院校理想抱负教育之中，还应该重视自媒体的运用。应该充分利用自媒体平台，选择对于树立理想抱负有益的红色文化内容，推送给学生。特别需要注意的是，由于自媒体的内容质量参差不齐，教师应该对自媒体内容进行筛选后再推送给学生。

3.4.4 要引导学生加强自身修养

红色文化融入建设类院校理想抱负教育，要引导学生加强自身修养。一方面，在红色文化融入建设类院校理想抱负教育的过程中，学生应该有主动利用红色资源、明确理想抱负的意识。对于建设类院校来说，应该引导学生有意识地学习红色文化，使其从中获得感悟，逐步明确理想抱负，并将这一过程贯穿于学生的学习和生活中，使理想抱负认知不断修正和提高，强化学生的理想信念。

另一方面，在红色文化融入建设类院校理想抱负教育的过程中，学生应该积极主动尝试去实现理想抱负。通过学习红色文化，从红色文化中获得知识、经验和启迪，为实现理想抱负指明方向，包括制定自己的职业生涯规划、树立自身的发展目标、制定学习或生活的发展方案等，将理想抱负逐渐转化为现实。

第 4 章

C H A P T E R 4

红色文化融入建设类院校爱国主义教育研探

爱国主义精神是中华民族精神的核心，是中华民族绵延五千年永葆活力、团结奋发的情感寄托与精神纽带，是历史与现实的统一。爱国主义精神既包含了五千年华夏历史凝结的爱国传统中的优秀品质，又始终保持与时俱进，不断注入新的时代内涵。爱国主义教育是建设类院校育人工作的重要内容，红色文化融入建设类院校爱国主义教育，有助于提升建设类院校育人工作的质量。

4.1 爱国主义教育的时代价值

爱国主义是指国家的每一个个人或各民族对自己祖国的认可和发自内心的热爱。每一个个人都必须支持、拥护自己国家的文化、政治，愿意为国家的富强、独立付出自己的一切。爱国主义精神在中华五千年的历史长河中，一直都是中华民族宝贵的精神财富，“天下兴亡、匹夫有责”是对爱国最好的诠释。对于学校教育来说，爱国主义教育有如下时代价值。

4.1.1 有利于中华民族伟大复兴的中国梦的实现

实现中华民族伟大复兴的中国梦，必须依靠全体人民脚踏实地地去奋斗。这需要人民团结一心、不懈努力和持续坚持。青年学生作为国家的未来，对于中华民族的伟大复兴至关重要，因此要加强学生的爱国主义教育。青年的强盛是国家强盛的基石，而高校学生作为青年群体的中坚力量，将成为国家未来建设与传承的关键。高校应强化对学生的爱国主义教育，使他们深入了解中国共产党的历史，认识国家改革开放的历程，以及新时代制度的优越性。如此，学生才能深刻理解今天的幸福生活是前辈们用鲜血和生命换来的。学生应铭记自己所肩负的责任与使命，将爱党、爱国、爱社会主义三者融合，坚定信念，忠诚于中国共产党的领导。学生要勇于面对挑战，不畏艰难，持续学习，追求卓越，将个人梦想与国家发展紧密结合，为中华民族的伟大复兴而努力拼搏。

4.1.2 有利于学生的成长成才

国家的未来和希望寄托于学生，他们将肩负着社会主义现代化建设的重任。青年的强盛直接关系到国家的强盛，青年学生充满无限希望，他们代表着国家的未来。拥有五千年文明历史的中华民族，历来重视教育、智慧和个人修养，对个人与国家、家庭与国家、精神与物质之间的关系有着深刻的理解。中华民族历来认同“自古英雄出少，长江后浪推前浪”，青年一直是推动民族进步的核心力量。在经济全球化和网络媒体快速发展的今天，当代学生的思想尚未完全成熟，他们的世界观、人生观和价值观还在形成之中，且面临着各种外来思想的冲击和网络上负面信息的影响。因此，开展爱国主义教育对于学生来说至关重要，有助于学生坚定信念，增强爱国情感，听从党的指导，跟随党的步伐；有利于学生树立远大理想，不断自我提升，掌握扎实的技能，成为社会主义现代化建设的合格接班人，为实现中华民族的伟大复兴贡献青春力量。

4.1.3 有利于坚定学生的政治认同

政治认同感体现了人们对现行社会政治理念和制度在认知与情感上的理解和践行。在社会持续进步和网络媒体迅猛发展的时代背景下，西方思潮的广泛传播致使学生群体思想受到影响。部分学生对政治关注的深度和广度不足，平时政治学习投入有限，导致其对政治缺乏热情，对政治新闻和时事动态反应迟钝，主动关注较少，政治素养偏低。青年学生是国家的未来和民族的希望，对他们开展爱国主义教育是增强其政治认同感的重要任务。在新媒体时代，面对西方不良信息的干扰，加强爱国主义教育，引导学生深入了解党的历史、中国特色社会主义制度和中华优秀传统文化，有助于他们深化对党的政策和国家制度的理解，从而坚定理想信念，更加拥护党的领导、支持党的政策，进一步增强政治认同感。

4.1.4 有利于社会风气良性发展

加强爱国主义教育，可以培育学生的爱国主义精神，帮助学生摒弃低俗趣味和非理性思维，展现学生理性的高尚情操。因此，爱国主义教育对社会上的不良风气具有积极的抵制和矫正作用，能够引导社会风气良性发展。具体来说，培育学生的爱国主义精神，是将爱国、爱人民、爱社会主义的价值观相融合，有助于新时代大学生更深入地理解社会主义制度的优越性，激励大学生为社会建设贡献力量，推动和谐社会建设，从而促进社会风气向好发展。

4.2 红色文化融入建设类院校爱国主义教育的意义

红色文化蕴含着丰富的爱国主义内涵。对于建设类院校来说，将红色文化融入爱国主义教育，具有多重意义。

4.2.1 从爱国主义教育发展角度看

从爱国主义教育发展角度看，红色文化融入建设类院校爱国主义教育的意义如下。

（1）有利于丰富建设类院校爱国主义教育的内容

红色文化是中国共产党人精神谱系中不可或缺的一部分，是开展爱国主义教育的核心内容。爱国主义教育是一项系统且意义深远的工程，需要持续充实与丰富其内容。红色文化与爱国主义教育具有共同的根基和价值追求，源于对国家和民族的深厚情感以及对共产主义理想的坚定信仰。作为优质教育资源，红色文化是建设类院校爱国主义课程中不可或缺的元素，也是最具说服力、感染力和吸引力的教育素材之一。红色文化涵盖的英雄事迹、红色影视作品、红色研学基地等为爱国主义教育注入新活力，彰显着中国共产党人的爱国主义精神，这些精神感人至深、催人奋进，是优质的爱国主义教育素材。探索红色文化与建设类院校爱国主义教育的结合点，并有效应用于爱国主义教育，能够丰富教育内容，推动教学活动深入开展。

（2）有利于拓宽建设类院校开展爱国主义教育的途径

将红色文化与爱国主义教育相结合，能够有效突破传统讲授式教育模式，探索创新爱国主义教育新方法。红色文化资源的运用，为建设类院校开展多样化爱国主义教育活动提供了可能，这些活动可巧妙融入课堂教学、实践教学及校园文化建设各环节，极大提升学生学习热情与主动性。首先，教师可将红色文化资源引入课堂，通过讲述革命英雄事迹、组织学生观看红色电影，激发学生爱国情怀。这种生动教学方式能有效引发学生情感共鸣，使其对爱国主义有更深刻的理解与感悟。其次，教师可组织学生实地参观省市博物馆、英雄纪念馆、革命遗址等具有红色文化意义的场所，这种亲身体验能弥补课堂教育的局限性，让学生更直观感受红色文化背后的爱国精神。此外，通过在校园营造红色文化氛围，将红色文化资源融入校园文化活动，可潜移默化开展爱国主义教育。如举办红色主题演讲比赛、知识竞赛、文艺演出等活动，既丰富学生校园生活，又使其在参与过程中受到教育熏陶。

（3）有利于实现培养时代新人的教育目标

深入挖掘并充分发挥红色文化资源的潜力，对培育时代新人意义重大。红色文化资源蕴含的中国共产党人崇高品德和革命精神，对于坚定建设类院校学生理想信念、激发爱国情怀与社会责任感、增强文化自信与身份认同、提升道德修养，进而培养忠诚的爱国者具有不可替代的作用。红色文化资源作为宝贵教育财富，为建设类院校提供丰富理论素材、强大精神激励和正确价值导向，是培育时代新人不可或缺的精神滋养。在建设类院校爱国主义教育中合理运用红色文化资源，能最大限度发挥其教育价值，有助于培养品德高尚、能力卓越、勇担社会责任的时代新人，使其在建设事业中贡献力量。

4.2.2 从红色文化育人功能角度看

红色文化资源承载着百年大党波澜壮阔的革命奋斗历程，蕴含着丰富厚重的红色基因密码，彰显着鲜明浓厚的爱国主义底色。

（1）筑牢理想信念的“营养剂”

在经济全球化、文化多元化、信息网络化持续深化的背景下，意识形态领域斗争愈发复杂。西方社会思潮的迅速扩散易对处于成长阶段的学生产生不良影响，导致其出现理想信念缺失等问题。红色文化资源记录了革命先烈对马克思主义信仰的不懈追求，承载着中国共产党人代代相传的坚定革命信念、勇于创新的英雄气概和深沉家国情怀，具有强大的理论说服力与情感感染力。运用这些内涵深刻、内容丰富的红色文化资源，有助于引导学生树立正确的世界观、人生观和价值观，坚定理想信念，传承红色基因，加强爱国主义教育，引领学生思想健康发展。

（2）传承红色基因的“稳定剂”

中国共产党百年征程积淀的红色文化资源丰富多样，它们记录了从新民主主义革命的艰难探索，到社会主义革命和建设时期的自力更生，再到改革开放和社会主义现代化建设的开拓进取，直至中国特色社会主义新时代的守正创新。这些红色文化资源生动展现了中国共产党人团结带领各族人民创造辉煌成就的历史，蕴含着鲜明的红色精神和伟大建党精神，成为传承革命传统、培育爱国情感的重要载体。面对当前学生与红色文化资源存在的时代隔阂，以及学生对“红色”概念多源于书本和影视的认知局限，将红色文化资源巧妙融入爱国主义教育，既能丰富爱国主义教育内容，又能推动红色文化资源的保护与传承，让红色文化在新时代焕发新活力，引导学生自觉增强文化自信，确保红色血脉永续传承、红色江山后继有人。

（3）提升教育实效的“催化剂”

当前，爱国主义教育仍存在教育内容与社会热点结合不够紧密、顶层设计仍需加强和改进等亟须解决的问题。红色文化资源涵盖中国共产党百年历史的方方面面，是革命光荣传统的“资源宝库”，以物质、精神、制度、行为等多种形态呈现，兼具直观性与生动性，内涵丰富深邃。将红色文化资源有效融入大学生爱国主义教育，有助于拓展爱国主义教育资源，为创新教育方式方法提供新思路；同时，能够激发学生爱国热情，促使其继承和发扬革命光荣传统，成长为堪当民族复兴重任的时代新人，切实提升爱国主义教育实效。

4.2.3 从爱国主义精神培养角度看

从爱国主义精神培养角度看，红色文化融入建设类院校爱国主义教育的意义如下。

（1）思想引领：树立学生爱国之知

情感与认知紧密相连、相互促进。认知的深化不仅能够强化情感，还能对人的行为产生关键影响。正确的爱国主义认知能够有效激发人们的爱国情感，并推动这种情感转化为爱国实践。通过系统学习红色文化，可以消除学生成长过程中的思想困惑，纠正其对爱国主义的误解，明晰“爱什么”和“如何爱”的问题。爱国主义倡导人们热爱祖国的历史文化，这些宝贵的文化遗产为国家发展提供精神支撑，发挥思想引领作用，消解非理性、盲目爱国观念的滋生土壤。虽然爱国主义在不同历史时期的具体内涵有所变化，但其思想引领的核心作用始终不变，成为中华民族前进道路上的精神旗帜。在当今价值观多元化的背景下，红色文化能够满足学生思想引领的需求。通过学习红色文化，学生能够建立正确的爱国主义认知，自觉抵御各种错误思潮，特别是历史虚无主义和“虚假爱国主义”观念。他们将遵循历史发展规律，秉持无私奉献、勇于担当的精神，将个人信仰与祖国建设紧密结合，实现个人与国家发展的同频共振。

（2）情感陶冶：厚植学生爱国之情

深刻认识和领会祖国悠久历史和丰富文化，是培养和发展爱国主义情感的重要基础。正是基于对中华民族五千年历史文化的认同，人们才能激发出对祖国的深情大爱，在国家利益受到威胁时挺身而出，在历史文化遭受诋毁时义愤填膺，展现出崇高的道德品质和强大力量。红色文化作为民族文化遗产的传承者，与社会主义先进文化紧密相连，其蕴含的奉献和责任精神，能够促进爱国主义情感的传播与培育。通过汲取红色文化的精华，可以增强学生对国家和民族的认同感，发挥情感教育作用。一方面，通过音乐、电影等多种艺术形式，深入挖掘红色文化的深刻内涵，展现其发展过程中塑造的众多“人物”“事件”“物品”和“精神”，提升学生对红色文化的全面理解；另一方面，紧跟时代步伐，结合建设类院校学生的个性特点和专业特色，利用他们喜闻乐见的新兴艺术形式融入红色文化元素，激发其学习红色文化的热情，进一步巩固和深化爱国情感。

（3）意志锻造：砥砺学生爱国之志

中国共产党成长壮大的历程，是一部充满斗争的历史。革命虽已取得胜利，但通往胜利的道路荆棘丛生，充满风险与挑战。没有共产党人坚定不移的意志，就无法攀登成功的高峰；没有坚定的信仰，就无法实现革命的胜利。传承和感悟红色基因，不仅有助于树立正确的爱国主义观念、培育深厚的爱国情感，还能坚定爱国主义信念。在红色文化发展历程中，涌现出无数革命烈士和人民英雄，他们展现出不屈不挠的意志和坚定的信仰。学生在学习红色文化时，应以这些英雄为榜样，对照自身查找不足，培养坚强意志和优良品质，并将其运用到建设事业中。

（4）行为导向：践行学生爱国之行

深化爱国情感，必须将其内化于心、外化于行。爱国绝非仅停留于口头，而是要引导学生将情感认同转化为实际行动，提升个人实践能力，通过具体行动服务国家、助力实现中国梦。利用红色文化开展爱国主义教育，可以通过树立正确的爱国观念、培育深厚的爱国情感、锻造坚定的爱国意志，将这些认知、情感和意志转化为具体行动，从而自觉培养成熟理性的爱国行为。同时，在行动中进一步升华爱国情感、强化爱国意志。爱国行为应遵循理性原则，这要求学生具备一定的爱国实践能力，注重爱国行为的恰当性和合法性，避免出现“空喊爱国”“情绪化爱国”等不当行为，确保爱国行为始终在正确轨道上。文化的力量只有通过实践才能充分彰显，因此，对于建设类院校而言，要充分发挥红色文化对学生的行为导向作用，必须积极组织各类实践活动，实现校内外协同推进、良性互动。一方面，充分利用校内实践平台，如党组织、学生会等，传播红色文化，开展唱红歌、讲述红色故事等实践活动；另一方面，整合校外资源，开展社会实践活动，如参观红色工程、红色博物馆、红色档案馆，或作为社会志愿者参与公益活动等。通过校内外实践活动，弥补学生实践短板，引导其践行爱国行动。

4.3 红色文化融入建设类院校爱国主义教育中存在的问题

红色文化融入建设类院校爱国主义教育中存在的问题，主要体现在以下六个方面。

4.3.1 挖掘不深，整合不足

红色文化内容丰富、资源宝贵、历史底蕴深厚。红色文化资源作为中华民族宝贵的精神财富，蕴含着深厚的爱国主义情感与时代价值。当前在红色文化资源的开发利用过程中，对其所蕴含的爱国主义精神挖掘不足，尚未形成系统化的教育体系。

一方面，对红色文化资源的时代内涵挖掘不够深入，未能充分展现其在新时代背景下的生命力与现实意义。从中国共产党诞生到新时代，红色文化始终不断发展。因此，利用红色文化的优越性融入爱国主义教育，可提升爱国主义教育质量。对于建设类院校而言，红色文化教学资源挖掘往往不够深入，教师因忙于日常工作，忽视了对红色文化教学资源的专项挖掘。许多红色文化教学资源未与社会热点、地方特色文化相结合，部分院校只是简单地将红色文化融入爱国主义教育，效果欠佳。

另一方面，对红色文化资源的整合不到位，部分建设类院校尚未建立整体规划及融入思路，只是按需简单获取和利用，难以取得良好效果。同时，还有建设类院校尚未借助现代科技手段开发、整合红色文化资源，如未利用新媒体平台，未建立丰富的数字化红色资源库等，导致红色文化的传播与普及受限，学生难以将红色精神与所处时代紧密联系，从而对红色文化产生陌生感与距离感。

4.3.2 注重形式，忽略质量

红色文化融入爱国主义教育，旨在让学生深入了解红色文化、传承发展红色文化，使红色文化入脑入心入行，提升爱国主义教育效果。但实际上，有些教师在实施过程中，忽视了将红色文化融入高校爱国主义教育的实效，学生思想未能得到真正的洗礼与升华。如有的教师在教学过程中，未能充分挖掘红色文化的内在价值与独特魅力，仅采用参观红色文化景点的形式，过于简单、流于形式。此外，即便将红色文化融入课堂，也往往只是将某一历史事件或红色人物作为孤立知识点引入，忽视了红色文化所蕴含的丰富历史背景、文化意蕴与时代价值。由于缺乏对内容的深度剖析与多维度解读，学生难以深刻理解其精神内核与显著特征。在此情况下，教师仅机械地向学生传授既定的红色文化知识，扮演着内容搬运工的角色，缺乏对学生学习需求与认知特点的关注，难以激发学生的爱国主义情感，反而易使学生对红色文化和爱国主义教育产生厌倦与排斥心理。

4.3.3 宣传方式过时，手段单一

一方面，在红色文化融入爱国主义教育的宣传中，网络平台运用不充分。有些建设类院校仍局限于官方网站、微信公众号、视频号、QQ等自媒体平台，忽视了抖音、快手、小红书等受学生青睐的网络平台，未在这些平台设置红色文化融入高校

爱国主义教育相关专题内容。同时，还有建设类院校网络资源建设不足，网络空间中缺乏吸引学生主动学习红色文化和爱国主义内容的设计，即便有相关内容，在形式和内容上也缺乏鲜活素材与新颖形式。

另一方面，红色文化融入爱国主义教育中，实践教学未得到充分利用。外出参观爱国主义教育基地虽是爱国主义教育的重要方式之一，但受学生数量众多的限制，难以实现全覆盖。部分建设类院校在实践教学设计上，未能充分考虑学生的个性特点与需求，导致教学效果不佳。事实上，对于建设类院校而言，结合工程建设等行业特点开展爱国主义教育实践，不失为一种有效途径。

4.3.4 氛围不佳，参与感不强

其一，红色文化融入爱国主义教育尚未形成浓厚氛围。在显性教育方面，红色文化融入爱国主义教育的课堂教学、实践教学尚未系统化构建，也未全面深入开展；在隐性教育方面，红色文化融入爱国主义教育的校园文化、网络文化建设尚未全面铺开，很多时候只是浅尝辄止。

其二，学生参与红色文化融入爱国主义教育的积极性不高。当前学生的生活实际与红色文化存在一定距离，红色资源面临时代变迁、情境转换、受众代际更新等发展难题。学生对红色资源承载的历史文化缺乏深刻理解，对红色资源情感淡漠，学习热情不足，多被动响应学校主题教育，尚未充分发挥传承弘

扬红色文化的主观能动性。

4.3.5 师资不足，素养不够

将红色资源融入大学生爱国主义教育，需要运用历史学、教育学、心理学、传播学等多学科专业素养。当前承担这一工作的主体主要为高校思政课教师、辅导员、党员领导干部等。一方面，高校思政课教师在思政课上结合红色人物、红色故事丰富教学素材，提升课堂吸引力与感染力；另一方面，辅导员、党员领导干部通过组织参观红色教育基地等方式开展主题教育活动，落实立德树人根本任务。然而，部分教育工作者缺乏相关专业素养，过于注重显性教育成果，对红色资源的历史文化背景、时代意义等缺乏全面深入了解。因此，在融合过程中多采取“拿来主义”，仅将红色资源作为辅助资料进行简单举例、机械引用和生硬套用，缺乏对红色资源的深度挖掘和系统学理研究，导致融合呈现浅表化、形式化等问题。

4.3.6 创新有限，升级困难

随着互联网的高速发展，运用新兴媒介推动红色资源融入学生爱国主义教育已成为新趋势。当前虽有部分创新举措，如建立红色资源数字化平台、拍摄红色电影舞台剧、采用数字化采集与修复技术提升红色资源的完整性与观赏性等，但仍存在一系列创新瓶颈问题。一是红色资源创新表达不到位，深层次文化挖掘不充分，未把握好传统媒介与新兴媒介平衡的着力点，未能发挥两者优势互补的最大价值，例如红色场馆与虚拟红色场馆未能有效配合使用；二是新技术的运用未能充分展现红色资源的深刻内涵，针对特定学生群体缺乏方法和内容创新，技术应用效果不佳，很多时候仅为技术复原场景体验，缺乏互动体验；三是大部分红色资源的呈现方式仍停留在传统的集体讲解、静态展示、自主参观等平面化、灌输式层面，缺乏新颖独特的呈现方式，难以产生沉浸感，易使人产生视觉疲劳，大大削弱了红色资源的吸引力和感染力，不利于学生深入理解体验红色资源的精神内核。

4.4 红色文化融入建设类院校爱国主义教育的实施策略

红色文化资源在教育方面的作用，特别是在培养学生自我强化、提升爱国主义教育水平方面，具有显著的影响。学生是学习的中心，利用红色文化资源进行爱国主义教育，不应过度依赖教师，也不能局限于被动接受。必须充分调动学生内在的积极性，主动学习、接受并实践红色文化中的爱国主义思想，从而加深学生对爱国的理解、培养学生深厚的爱国主义情感、并付诸于爱国主义行动。具体来说，将红色文化融入建设类院校爱国主义教育的策略如下。

4.4.1 在自觉学习红色文化知识中深化爱国储备之知

红色文化资源中蕴含着丰富的爱国情感，具有很高的教育价值，对于建设类院校学生来说，是极其宝贵的学习内容。学生作为传播和弘扬爱国主义精神的重要力量，必须加强自我学习的能力，从以往的被动接受知识转变为主动探索和学习，提升对红色文化资源的兴趣和学习积极性，进一步增强对红色文化的知识积累和理解。

其一，对于建设类院校学生来说，通过红色文化加强爱国主义教育，关键是端正对红色文化资源的态度。学生要充分认识到红色文化资源的重要价值，培养良好的学习习惯，以满腔的热情和浓厚的兴趣去了解红色文化资源，学习红色文化知识。此外，学生应积极探究红色文化资源的起源和演变过程，建立对红色文化资源的全面理解框架，深入研究其中的红色故事和红色精神，与历史产生共鸣，从而进一步加深自己对红色文化知识的理解，提高红色文化素养。

其二，对于建设类院校学生来说，通过红色文化加强爱国主义教育，关键是加强红色文化的自主学习。学生要自觉深化红色文化资源与爱国主义教育之间的内在联系，加强自身的爱国主义情感和信念。除了在校内接受系统的教育外，学生还应拓展自我学习的途径，充分利用周围的各种资源，通过网络、书籍、报刊、杂志等多种媒介，搜集红色文化资源的相关资料，自觉积累红色文化知识。

显然，学生应有意识地主动学习、接触红色文化资源的相关知识，在理性上认识红色文化资源，理解并掌握其中的爱国主义思想，从而深化对爱国的认知。

4.4.2 在积极弘扬红色文化精神中厚植爱国之情

爱国主义情感体现了人们对祖国的热爱、认同与忠诚，是一种深刻的情感体验。对于建设类院校而言，爱国主义教育的核心目的在于培养学生的爱国情感，塑造忠诚的爱国者。爱国主义情感是学生奋斗的驱动力，能够帮助他们树立正确的学习态度，并激发他们的爱国行为。红色文化资源蕴含着丰富的爱国传统和坚定的爱国信念，对于加强学生的爱国情感具有不可替代的作用。红色文化资源能够激发学生的情感共鸣，其包含的红色精神有助于巩固学生的爱国主义情感基础，英雄人物和事迹则为学生提供了爱国主义情感的典范，增强了学生爱国主义情感的记忆。学生应在理性认识的基础上，与红色文化资源产生情感上的共鸣，将其中的爱国主义精神内化于心，培养深厚的爱国主义情感。首先，学生应自觉地传承和推广红色文化资源，通过积极传播红色文化精神，增强对国家和民族的认同，明确自身肩负的使命。其次，在学习过程中，学生应深刻理解红色文化资源的政治意义、先进性和时代价值，让这些资源成为支撑自己学习和生活的信念，实现对红色文化资源的情感认同，深化爱国主义情感。

4.4.3 在红色文化资源实践活动中践履爱国之行

爱国主义教育的实践至关重要，是学生继承并发扬爱国主义精神的必由之路。红色文化资源中蕴含的爱国精神，需要通过学生的实际行动来体现和传承。学生应当主动参与，积极投身于与红色文化相关的爱国实践活动中，以实际行动践行爱国情怀。如果没有学生的广泛参与，红色文化资源就难以有效地融入到爱国主义教育中去。学生对红色文化的学习不应仅限于书本上的理论知识，而应将理论与实践相结合，将思想转化为行动，通过实际行动更深刻地理解红色文化中的爱国主义思想，实现思想上的提升和精神上的升华。

一方面，学生应积极参与校内的红色文化活动。红色文化活动是加强学生爱国主义教育的有效方式。在建设类院校中，举办各种红色文化主题活动，营造了浓厚的爱国主义氛围，并将红色文化资源融入校内实践活动中。在这些活动中，学生需增强参与感，积极主动地弘扬红色精神。而红色社团可以作为重要载体进行爱国主义教育，组织红色经典读书会、座谈会、青年论坛等，宣传和推广红色文化资源。

另一方面，学生应积极参与校外的红色爱国主义实践活动。校外的红色教育实践也是爱国主义教育的重要组成部分。学生应主动探索本地的历史，参观红色文化教育基地，深入学习党史、新中国史和改革开放史，以增强爱国主义意识。此外，学生还应积极参加红色志愿服务活动，通过红色志愿服务实践，学生能够加深对红色文化的理解，实现自我锻炼与提升。同时，学生应自觉参与利用重大纪念日、祭奠日、民族传统节日等开展的具有爱国主义教育意义的活动，如“国家公祭日”扫墓活动。总的来说，通过丰富的红色教育实践活动，可以帮助学生深入理解红色文化背后的精神内涵和时代价值。

4.4.4 在红色文化网络传播中表达爱国之情

互联网是当今社会传播信息的主要渠道，也是红色文化传播的重要渠道。对于建设类院校来说，要鼓励学生在网络空间接受红色文化、传播红色文化，开展爱国主义教育。

一方面，要鼓励学生在网络空间接受红色文化，除了来自于权威网站的红色文化信息之外，还要关注优秀的自媒体，从浩如烟海的网络信息中筛选优质的阅读材料，来进一步学习红色文化，培养自己的爱国主义思想。

另一方面，要鼓励学生参与到网络空间红色文化的传播过程中。比如遇到优质的红色文化信息，学生可以采用转发或者共享的形式，推广优质的红色文化信息，传播红色文化。在有条件的情况下，学生也可以编辑红色文化的相关信息，并通过自媒体平台推送，弘扬社会正能量。

第5章

CHAPTER 5

红色文化融入建设类院校社会主义核心价值观教育研探

在建设类院校育人工作中，社会主义核心价值教育扮演着至关重要的角色，是建设类院校育人工作的核心内容之一。红色文化作为一种具有深厚历史底蕴和鲜明时代特色的文化形态，其所蕴含的革命精神、英雄主义、集体主义以及对国家和民族的忠诚等价值观念，在推动社会主义核心价值观教育方面，发挥着不可替代的作用。

5.1 红色文化与社会主义核心价值观的内在联系

红色文化所承载的坚定信念、爱国精神、坚韧斗争、团结一心等思想精髓，与社会主义核心价值观的内涵完全一致。红色文化与社会主义核心价值观同源，具有相同的本质和结构，在理论基础、文化根源、价值导向上呈现出内在统一性。

5.1.1 理论同根：马克思主义中国化的成果体现

社会主义核心价值观与红色文化在理论基础上有着深刻的内在联系——两者均以马克思主义为指导思想。红色文化的演进和社会主义核心价值观的形成，都深受马克思主义立场、观点和方法的影响。

一方面，红色文化在马克思主义指导下逐步发展。1917

年，十月革命将马克思列宁主义传入中国；1919 年五四运动中，无产阶级登上历史舞台，孕育了五四精神这一早期红色精神。1921 年，中国共产党成立，成为推动红色文化发展的核心力量。百年来，马克思主义始终是党的指导思想。在党的领导和人民群众的实践中，红色文化在革命、建设、改革和新时代等各个时期不断发展壮大。红色文化是马克思主义中国化在精神、制度、物质、行为等方面文化成果的集合体。特别是在新民主主义革命时期，红色文化蓬勃发展，红船精神、苏区精神、西柏坡精神等红色精神相继涌现；遵义会议会址、红军长征遗址、陕甘宁抗日根据地等红色遗址遗迹遍布全国；《暴风骤雨》《八路军进行曲》等红色文艺作品深入人心。

另一方面，社会主义核心价值观的理论根基源于马克思主义。首先，马克思主义蕴含诸多核心价值理念，如推进无产阶级革命、发展生产力、把握人的本质、促进人的全面发展以及实现社会公平正义等，这些是社会主义核心价值观形成和发展的根本。社会主义核心价值观在马克思主义指导下应运而生，传承了马克思主义的核心价值。例如，社会主义核心价值观在国家层面倡导的“民主”，在社会层面强调的“自由”与“平等”，都体现了马克思主义的一贯追求，是对马克思主义价值观的继承和发展。其次，社会主义核心价值观的教育过程必须以马克思主义理论为指导。只有将马克思主义倡导的价值观念作为核心价值观的内核，才能确保核心价值观理论的科学性和正确发展方向。马克思主义强调实践是检验真理的唯一标准，这为社会主义核心价值观的实践提供了重要理论依据。通过实践，可以检验和丰富社会主义核心价值观的内涵，使其更符合社会发展实际需求。

5.1.2 文化同源：中华优秀传统文化的本源同一

社会主义核心价值观深深植根于辉煌独特的中华优秀传统文化中，其核心内容不仅涵盖了道法自然、天人合一、知行合一的哲学思想，还包括舍生取义、见贤思齐、诚信为金等传统美德，以及仁爱非攻、自强不息、兼容并蓄的人文精神等。这些蕴含优秀元素的中华优秀传统文化，既是社会主义核心价值观的源泉，也是红色文化诞生的文化“母体”。红色文化和社会主义核心价值观，都是对中华优秀传统文化和传统价值观的现代化发展，在继承中创新，在创新中发展，共同构筑起中华民族的精神支柱。

一方面，红色文化是在批判继承中华优秀传统文化的基础上形成的，既与中华优秀传统文化一脉相承，又彰显创新精神。首先，在继承层面，红色文化本质上吸收了中华优秀传统文化的核心价值。红色文化所包含的解放、信仰、奋斗、牺牲、忠诚等价值观念，是中华优秀传统文化中“自强不息”“杀身成仁”“舍生取义”等精神的现代诠释。这些价值观念在红色文化中焕发出新的生命力和表现形式，不仅在理论上得以丰富发展，更在实践中得到广泛应用与验证。其次，在创新层面，红色文化从本质上拓展了中华优秀传统文化的范畴。从传统的“民本思想”到“以人民为中心”的执政理念，从“天下大同”到

“共产主义”的社会理想，从“群体主义”到“集体主义”的价值准则，都展现出红色文化对中华优秀传统文化内涵与外延的深化拓展。红色文化不仅继承了中华优秀传统文化的精髓，更在此基础上实现创新超越，形成独特的文化体系。红色文化以中华优秀传统文化为“根”，以马克思主义为“魂”，顺应时代发展，在革命、建设、改革及新时代等各个时期，既保留中华优秀传统文化的精华，又实现对其的现代化革新。

另一方面，社会主义核心价值观所倡导的价值理念与中华优秀传统文化的价值观念内涵相契合。社会主义核心价值观所包含的价值理念并非无源之水，而是结合中国梦的价值要求，筛选传统价值观优秀基因凝练而成，是对中华优秀传统文化精华在新时代的传承与升华。社会主义核心价值观与中华优秀传统文化的相融主要体现在三个方面：一是国家层面的价值目标与中华优秀传统文化中的“富民富国”“民为邦本”“世界大同”“以和为贵”等思想同源同根；二是社会层面的价值准则与中华优秀传统文化中的“天下为公”“均贫富”“德主刑辅”等思想一脉相承；三是个人层面的价值要求与中华优秀传统文化中的“实事求是”“自强不息”“诚实守信”等道德品质和精神追求一脉相承。这些社会主义核心价值观的提出，既体现对历史的尊重与继承，也展现对未来的展望与期许。

5.1.3 价值同向：精神内核与实践表现的辩证统一

无论是红色文化还是社会主义核心价值观，都致力于维护意识形态安全，增强人们对中华文化的自信。

首先，在核心理念上，两者均致力于强化主导意识形态的价值导向。实现国家目标离不开全体人民团结一心、共同奋斗，而思想共识是团结奋斗的基础。红色文化和社会主义核心价值观均是新时代中国主导意识形态的体现，是凝聚思想共识、保障意识形态安全、巩固中国共产党执政地位的关键思想力量。红色文化发端于革命时期，承载着中国共产党创建新中国、推进社会主义建设的历史，是社会主义意识形态的文化呈现。红色文化以实现中国梦为价值追求，具有鲜明的意识形态特征，汇聚了富强、民主、爱国等伟大精神。社会主义核心价值观“三个倡导”的核心内容，是从宏观到微观维护意识形态安全的价值准则，是新时代维护党的意识形态安全的有力思想武器。因此，两者在核心理念上均以维护意识形态安全为根本，共同致力于建设思想统一、意识形态稳固的社会主义现代化国家。

其次，在实践表现方面，两者均以实现中国梦为价值追求。红色文化承载着自建党以来的全部历史，是中华民族团结奋进、积极向上的精神支柱，不仅见证了中国共产党领导的革命历程，还记录了无数革命先烈的英勇事迹和崇高精神。红色文化回答了在贫穷落后的国家如何实现民族独立、人民解放的问题，通过革命历史教育，激励一代又一代中国人为国家繁荣富强和民族伟大复兴不懈奋斗。社会主义核心价值观形成于改革开放新时期，在新时代凝聚起最大“同心圆”，明确了铸牢中华民族共同体意识的历史使命和行为规范。作为当代中国社会的价值准则和行为规范，社会主义核心价值观回答了在改革开放背景下应建设怎样的国家和社会、培养怎样的公民等问题，强调富强、民主、文明、和谐，倡导自由、平等、公正、法治，提倡爱国、敬业、诚信、友善，这些价值观念成为引领社会风尚和公民行为的道德准则。

最后，从价值导向角度来看，两者均致力于增强中华文化软实力。在当前开放复杂的国际环境下，单边主义、民粹主义以及新自由主义等错误思潮涌动，西方文化、宗教文化等多元文化在与中华文化交流互鉴的同时，也存在不同价值观的碰撞。特别是一些别有用心者将个别事件、突发事件与社会主义制度恶意关联，通过舆论操纵误导公众，使社会共同价值认同面临挑战。在此情况下，运用文化软实力维护国家意识形态安全尤为重要。文化软实力体现着本国文化对国民的凝聚力、对社会的创造力，以及对其他文化的吸引力和影响力。从红色文化与社会主义核心价值观的价值内核来看，两者均以社会主义核心价值体系为根本遵循，在强化文化自信、传播民族精神的过程中，共同服务于国家文化软实力的提升——红色文化作为历史传承的精神载体，其蕴含的革命传统与理想信念，为社会主义核心价值观提供了丰富的历史滋养；而社会主义核心价值观作为当代中国精神的集中体现，又赋予红色文化新的时代内涵。从互动机制来看，红色文化教育通过具象化的历史叙事与多元化的教育形式（如革命遗址研学、红色文艺创作），构建起“历史底蕴阐释—价值理念转化—实践认同培育”的完整链条，既帮助民众深刻理解社会主义核心价值观的历史源头，又通过沉浸式体验提升社会主义核心价值观教育的实效，形成历史与当代价值的有机贯通。此外，红色文化能够激发爱国情感，增强民族自豪感和集体荣誉感，从更深层次巩固国家意识形态基础。由此可见，红色文化有助于巩固社会主义核心价值观作为国家发展精神支柱的地位，其内涵的传播与实践，不仅能引导人们树立正确的世界观、人生观和价值观，还能促进社会和谐稳定，为国家长远发展提供坚实思想支撑。

5.2 红色文化融入建设类院校社会主义核心价值观教育的时代价值

对于建设类院校来说，红色文化融入社会主义核心价值观教育，主要有以下四个方面的价值。

5.2.1 红色文化是社会主义核心价值观教育的重要内容

红色文化融合了真理思考、崇高信念、道德准则以及时代精神，其内涵涵盖政治信念、立场、纪律、道德、观念和情感，以及革命的崇高意志和积极心态。红色文化与社会主义核心价值观所倡导的价值目标、取向和准则紧密相连，因此，可作为社会主义核心价值观教育的重要内容，主要体现在物质性红色文化、精神性红色文化和制度性红色文化三个维度。

首先，物质性红色文化包括遗迹、塑像、纪念馆、纪念堂、纪念碑等自然和人文景观和纪念载体。这些显性的“记忆场”能够激发民众对红色文化的思考和情感共鸣，让民众在亲身体验中了解历史真相，感悟革命先辈在特定历史时期展现的初心使命、奋斗精神与崇高理想。

其次，制度性红色文化涵盖党在革命和建设过程中形成的一系列方针政策、法律法规、经典著作，以及确保机构运作的制度机制。例如，《中国共产党纪律处分条例》、民主集中制、党的群众路线等。这些制度性红色文化所包含的规则和行为准则，有助于将社会主义核心价值观教育内化为内心信念、外化为实际行动。

最后，精神性红色文化是指中国共产党人在追求民族独立、国家富强、人民幸福的过程中，形成的红船精神、井冈山精神、长征精神、延安精神、沂蒙精神、吕梁精神、大别山精神等红色精神。作为马克思主义理论的具体体现，精神性红色文化具有培根铸魂、凝聚力量、启智润心的功能。

5.2.2 红色文化是社会主义核心价值观教育的天然载体

红色文化集中展现了中华民族伟大复兴路上的精神风貌和价值追求，其生动深刻的话语表达和鲜活感人的故事，可为社会主义核心价值观深入人心提供载体支撑。

其一，图像、标语、文献、声音都是红色文化可运用的传统教育载体。纪念碑、纪念馆、纪念堂等增强了社会主义核心价值观教育的代入感；生动活泼的现代语言艺术诠释了红色经典蕴含的文化自信，让人们通过身临其境的直观体验“睹物思人”。这种“换位思考”的切身感受，能够弱化社会主义核心价值观教育的理论说教，从而增强学生的接受度。

其二，红船精神、井冈山精神、长征精神、东北抗联精神、南泥湾精神等精神文化形态所蕴含的理想信念、价值追求、道德情操、行为规范，能够引导人们形成对中国精神形态的价值认同，共同感悟革命先烈坚定的社会主义信仰和崇高理想，使马克思主义信仰和中国特色社会主义信念为民众所感知、认同并践行。

其三，红色论坛、红色作品、红色网站、红色旅游等灵活多样的载体，为社会主义核心价值观教育提供了全新的教育形式。这些载体实际上是将日常模式化、常规化的教育转化为闲暇式、立体式体验，能够拉近学生与社会主义核心价值观的距离，促使其认同并践行。

5.2.3 红色文化是社会主义核心价值观教育的有效方式

社会主义核心价值观教育需要让有价值的内容有趣味、有意义的事情有意思，实现“好思想”与“好故事”有机结合。红色文化天然具有丰富的叙事资源，通过故事嵌入，可使社会主义核心价值观教育内容“藏”起来，教育形式“动”起来，教育实效“活”起来。目前，社会主义核心价值观教育领域开始尝试案例式、情境式、体验式、实验式等教学方式。其中最为突出的是以红色文化为载体推进社会主义核心价值观教育，构建情景认知模式，利用鲜活生动、轻松向上的教育情境开展教育。

一方面，红色文化在民众现实生活中以可观可感、见人见事的榜样、语言、思想以及物态客观存在，营造出神圣、庄严的教育场景与育人氛围。如英雄人物纪念碑、革命烈士陵园、伟大领袖纪念馆、革命遗址遗迹等，都营造出庄严肃穆的教育意境，让学生感受更为深刻。同时，现代信息技术可以构建与红色文化相关的虚拟仿真情境，置身其中，声光电精心布局的“历史场景”能让人即刻感受到红色文化所凝聚的革命精神，让学生瞬间在情感上与真实的“历史记忆”产生深度共鸣。

另一方面，情景认知式红色文化活动要与时俱进。根据时代需求、地域特色和当前社会主义核心价值观教育实际情况，在策划、宣传、实施、评价中充分体现社会主义核心价值观教育内容，使主题选取、活动情景、要素环节等符合学生的心理特征和实际需要。通过场景、音像、语言、象征符号等震撼性元素调动学生的情感，使其感受到红色文化活动的神圣感和庄重感，为红色文化承载社会主义核心价值观、发挥教育功效提供有效载体。

5.2.4 红色文化是社会主义核心价值观教育的自信底色

在经济全球化背景下，社会上各种思潮激烈交锋。一些思潮试图削弱甚至消解社会主义核心价值观，企图改变人们的思想，否定我国社会制度。例如，一些人宣扬西方资本主义的所谓“普世价值”，其真实意图是利用文化霸权动摇马克思主义的主导地位，颠覆中国特色社会主义政治体系；在政治隐喻视角下，“新自由主义”以提倡多党制和全面私有化为幌子，企图颠覆中国共产党领导、推翻社会主义基本制度，本质是为满足金融资本全球扩张和逐利需求；“历史虚无主义”通过夸大传统文化，贬低和否定中国人民为民族独立、人民解放和国家富强所进行的反帝反封建斗争，从根本上否定历史上的革命和进步，以及我国社会主义发展取向和伟大成就。这些错误思潮严重干扰了学生对社会主义核心价值观的认同、理解和接受。因此，必须从历史事实、文化传统、现实国情和真理属性等多个角度，全面驳斥这些错误思潮，确保社会主义核心价值观始终“在场”。红色文化作为一种价值体系，基于历史事实，符合客观规律，以确凿事实有力证明了中国共产党执政的合法性、中国特色社会主义理论体系和制度文化的合理性，以及社会主义核心价值观的科学性。在新时代，传承和弘扬红色文化，不仅是厚植家国情怀、抵制“普世价值”“新自由主义”“历史虚无主义”等错误思潮、增强“四个自信”的现实需求，更是在多元复杂文化中坚定社会主义核心价值观自信的基石。

5.3 红色文化融入建设类院校社会主义核心价值观教育的主要优势

对于建设类院校来说，红色文化融入社会主义核心价值观教育，具备以下三个方面的优势。

5.3.1 增强学生价值认同，以红色文化引领性促进学生坚定政治信仰

红色文化是在中国革命、建设和改革进程中形成的先进文化，是坚定学生政治立场、培育爱国情怀、锤炼高尚品格、积淀人文素养、塑造美好心灵的重要载体。红色文化是社会主义核心价值观的来源之一，需将其融入价值观教育各个环节，凭借文化的引领力增强学生价值认同、坚定学生政治立场。

其一，就红色文化的内容来看，其深层蕴含的理想信念、精神价值、行为典范、科学方法，与当代学生应追求的主流价值观高度契合，对学生健全人格的形成具有不可替代的作用。将红色文化融入社会主义核心价值观教育，对处于“拔节孕穗期”的学生形成正确价值观大有帮助。

其二，从红色文化的历史逻辑来讲，红船精神、井冈山精神、长征精神等红色精神，是一代代中国共产党人顽强拼搏、不懈奋斗铸就的，铭刻着中国共产党人不惧风险、坚定理想、敢于斗争、勇于胜利、自强不息的革命气节和优秀品质。在社会主义核心价值观教育中融入红色文化，有助于学生强化政治自信、坚定政治信仰。

5.3.2 激发学生情感共鸣，以红色文化生动性促进学生增强文化自信

情感共鸣是学生内化和践行价值观的前提，尤其是地方红色文化能够丰富社会主义核心价值观教育内容。

其一，红色文化既有理论创新，也有具象化的实践验证。多元化、多形式的红色作品，可丰富社会主义核心价值观教育的载体。例如，在弘扬红色文化实践中产生的大量红色文学作品、影视作品、歌曲及其他艺术作品，这些具有强烈感染力的作品，以独特的趣味性吸引学生主动接受红色文化熏陶，满足学生情感诉求，激发学生的情感认同。

其二，红色文化蕴含丰富的物质文化。物质文化的真实性与生动性，能够激发学生情感共鸣。在开展社会主义核心价值观教育时，可充分利用当地红色工程、革命遗址、历史博物馆和烈士陵园等红色文化资源，通过现场参观、组织研讨、体验式学习、沉浸式感受等方式，引导学生直观了解革命历史，感受红色文化魅力与生命力，从而激发学生强烈的情感认同。

5.3.3 提供学生榜样示范，以红色文化实践性促进学生陶冶高尚品格

红色文化是革命先辈为谋求民族独立、人民解放和国家富强而抛头颅、洒热血的真实写照，革命根据地、纪念馆以及英

雄人物、英雄事迹，无不彰显着中华儿女不怕牺牲、顽强斗争的宝贵精神和坚韧品质。对于建设类院校而言，在育人过程中，可挖掘其中的榜样人物资源，以红色文化引导学生陶冶品格、砥砺奋进。

其一，红色文化中先进的革命事迹是宝贵的学习资源。事迹是个人或集体在特定领域、时期作出的重要且有影响力的行为或成就，是精神品质的载体。红色文化蕴含的井冈山故事、长征故事、延安故事等，承载的家国情怀为社会主义核心价值观教育提供了优质素材。

其二，红色文化中鲜活的英雄人物故事是珍贵的教育素材。英雄人物故事是革命先辈在奋斗历程中展现崇高理想与坚定信念的生动写照，是革命精神的具象化表达。在红色文化形成和发展过程中，千千万万革命先烈用热血和生命谱写了共产主义理想信念坚不可摧的壮歌，他们真实可感的形象诠释了中国共产党大无畏的革命奋斗精神。红色精神包含的爱国主义情怀、坚定信仰、不屈意志、奉献精神，与社会主义核心价值观同向同行，学生学习英雄人物革命精神时会受到感染，有助于坚定共产主义理想信念。

5.4 红色文化融入建设类院校社会主义核心价值观教育的实施建议

对于建设类院校而言，红色文化融入社会主义核心价值观教育，有以下四个方面的实施建议。

5.4.1 引导红色理论学习，凝聚价值共识

对于建设类院校学生而言，理解社会主义核心价值观的深刻内涵意义重大。当前，学生利益需求差异愈发显著，社会环境中的利益冲突不断显现，学生价值取向多元化趋势日益复杂，特别是在多元文化与众多社会思潮交织的背景下，迫切需要以主旋律驱散多元价值的迷雾。引导红色理论学习，有助于形成对社会主义核心价值观的共同认同，凝聚价值共识，强化学生对社会主义核心价值观理论知识的理解。

一方面，创新话语表达。红色文化在党领导人民争取民族解放的革命年代诞生成长，其中许多革命话语与现实生活存在距离。建设类院校学生多出生成长于改革开放后，心智尚在发展阶段，若直接使用简单革命话语讲述红色历史与理论，而不阐明其产生和应用的历史条件，未及时加以正确解释引导，易陷入教条主义误区。因此，加强学生红色理论学习，需在继承中创新红色文化话语表达，既要讲清激昂的红色历史，也要阐明红色理论的一脉相承，让学生明白在新时代如何践行历史使命、融入国家价值追求。同时，应注重红色文化教育的现代转化，使其更贴近当代学生的生活实际与认知水平。

另一方面，改变学习方式。传统价值观教育以灌输式为主，学生的主动参与和创造性思考常被忽视。当前学生反馈显示，这种枯燥僵化的“填鸭式”教育易导致言行不一。现代学生通过多种途径体验价值观念，如参与红色主题实践活动时感受

“奉献担当”的精神内涵，这与传统教育中的被动角色形成鲜明对比，致使学生反感刻板的“填鸭式”学习。因此，加强学生红色理论学习，需转变教育模式，尊重学生主体性，重视学生价值体验，激发学生“我要学”的内在需求。在自发意愿驱动下学习红色理论，理解社会主义核心价值观的起源与演变，才能真正从内心接受社会价值共识，深刻体会其内涵。教师应鼓励学生主动探索、质疑，采用互动式和讨论式教学方法，激发学生批判性思维和独立思考能力，帮助学生深入理解社会主义核心价值观内涵，培养学生全面分析社会现象的能力。

5.4.2 丰富红色物态学习，激扬价值共情

红色物态是抽象概念与具体实物相结合的产物，体现了红色文化的客观性和真实性，与红色理论、精神相辅相成，与红色实践相得益彰。学生学习红色物态，接触党在革命历程中创造的物质文化成果，如革命先辈使用过的物品、生活旧址及雕像等，能将抽象理论知识转化为具体形象，增强红色文化的说服力和感染力。红色物态学习带来的直接体验，有助于学生加深对社会主义核心价值观的理解与认同，这种体验引发的情感变化可分为以下两个阶段。

第一阶段为“情感激发”阶段。学生通过接触有形红色文化遗产而形成的直观感受，在理解社会主义核心价值观中发挥关键作用。此阶段学生接触有形红色文化的方式主要有两种：一是亲身经历，即直接与红色历史遗迹、英雄故居、纪念性物

品等互动，引发情感转变。我国丰富的有形红色文化资源遍布各地，这种直接体验切实可行，能让学生感受历史厚重，培养家国情怀。二是间接体验，学生通过接触以有形红色文化为背景创作的衍生作品，如红色小说、戏剧、歌曲等，产生情感变化。这类体验形式生动、传播不受时空限制、覆盖面广，对红色文化传承意义重大，能以更易接受的方式传递红色精神，使年轻一代在享受文化产品时潜移默化受其熏陶。

第二阶段为“移情”阶段。学生将对红色文化的情感体验转化为对社会主义核心价值观的积极认同，深化对其理解。在红色文化教育中，学生产生情感共鸣后，关键在于将情感积极转移到社会主义核心价值观上。首先，红色文化与社会主义核心价值观紧密相连。基于共同价值追求和精神内核，学生对红色文化的情感需求反映了对社会主义核心价值观的需求，二者在理想信念教育价值上目标一致。其次，移情核心是将学生在红色文化教育中的感动转化为对中国特色社会主义理想信念更深层次的情感支持。再次，移情本质是相互促进的双向迁移，红色文化熏陶与社会主义核心价值观理解相互影响。最终，移情可通过学生自我提升和教师在情境学习中的引导来实现。在此阶段需注意：其一，教育者应引导学生发现红色文化与社会主义核心价值观的内在联系，帮助其理解二者在理想信念教育价值上的一致性；其二，教师需在情境学习中进行有意识引导，创设情境让学生体验红色文化，感受革命先辈事迹，将感动转化为对中国特色社会主义理想信念的深层情感支持。

5.4.3 深化红色精神学习，凝聚价值共识

红色精神作为非物质文化的表现形式，承载着红色文化中丰富的情感、理想和信仰等核心要素。自新民主主义革命以来，红色精神逐渐融入中华民族精神，成为其重要基因。红色精神及其蕴含的价值观念，是培育和弘扬社会主义核心价值观的重要资源。在新时代，弘扬红色精神对培育和践行社会主义核心价值观具有双重意义：其一，能生动揭示社会主义核心价值观的精神实质、根源及其在解决新时代社会问题中的作用；其二，精神一旦被接纳认同，将转化为坚定意志和行动力。因此，学习理解红色精神是学生将价值观念转化为自觉坚守和捍卫的意志与信仰的关键。为实现这一目标，需从以下两方面着手。

一方面，在教育内容上，应针对学生不同学习情况，设计分层次、分阶段的教学方案，促使学生从被动完成任务转变为主动因兴趣学习。这要求教师深入了解学生学习需求和心理特点，根据时代、事件和个体差异灵活调整教学内容，创新教学方法，采用案例分析、角色扮演、小组讨论等多样化手段，提升学生学习积极性和主动性。同时，紧跟时代更新教育内容，将最新研究成果和社会热点融入教学，增强学习内容的现实意义和应用价值，激发学生内在动力。

另一方面，在教育方式上，需推动红色精神与日常生活紧密结合。红色精神具有激发情感波动的影响力，是以爱国主义为核心的民族精神和以改革创新为核心的时代精神的体现。当

前建设类院校的红色精神教育活动虽形式多样，但在挖掘深层含义和创新活动形式方面存在“融合困难”：一是红色精神内涵与社会主义核心价值观结合生硬；二是结合方式虽新颖，但对二者内在联系探究不深入，且缺乏专业院校特色。因此，需推动红色精神教育日常化，既要注重形式吸引力，更要坚持内容为本，确保学生保持红色意志，使其成为成长的精神动力。

5.4.4 夯实红色实践学习，达成价值共行

社会主义核心价值观与红色文化均植根于实践，并在实践中不断发展完善。价值观作为精神内核，需通过实践体现价值，因此，要实现学生在价值共识、情感、意愿和行动上的统一，必须加强红色实践教育。红色实践教育主要指学生通过社会调研、志愿服务、红色主题宣讲等方式，将群体性社会主义核心价值观共识应用于实践并加以验证强化。在红色实践教育中，学生既有的价值理解和认同引导实践活动，实践中的体验、思考又反作用于个体价值观念的建立与强化。具体而言，红色实践教育应注重以下两方面。

一方面，要把握关键纪念时刻，传承发扬红色传统习俗。红色文化在行为上的重要体现，是党在长期奋斗中形成的传统行为习惯，这些习惯在建党纪念日、国庆节、建军节、五四青年节、学雷锋纪念日等具有红色意义的节日中充分展现。在这些特殊时间开展恰当纪念活动，往往能取得良好效果，这些节日也是开展红色文化实践教学的重要契机，节日氛围为红色文

化实践活动提供了有利条件。

另一方面，要拓展红色实践方式。红色实践方式主要分为体验式和参与式：体验式包括社会历史调研、红色文化与精神宣讲等，让学生亲身体验红色文化底蕴；参与式涵盖榜样学习、党史支教、志愿服务等，鼓励学生参与红色文化传承发展。这些方式深受学生喜爱，丰富了校园生活，为践行社会主义核心价值观奠定基础。此外，可将“互联网+”理念融入红色实践，通过建立红色实践数据采集库、制作红歌快闪视频、开展红色历史VR体验等创新手段，使红色实践更生动有趣，易于学生接受。

第6章

CHAPTER 6

红色文化融入建设类院校道德教育研探

红色文化蕴含丰富的道德元素，是开展道德教育的优质素材。对于建设类院校而言，充分挖掘红色文化中的道德内涵，对学生开展道德教育，既能丰富育人工作内容，又能创新育人工作载体，从而取得更好的育人成效。

6.1 道德的内涵审视

对于建设类院校而言，开展学生道德教育，首要前提是明确道德的内涵。只有准确把握道德内涵，方能有的放矢地开展学生道德教育工作。

6.1.1 道德的含义

道德是存在于每个人心中的行为规范，它是一种个人意识，更是社会意识的重要组成部分，是起源于人类社会生产实践的意识合力，由社会存在所决定。在生产劳动过程中，人们为维护自身利益、保障生产顺利进行，形成了一系列约定，以此调节社会生活。人类是具有社会性的群居生物，需要在人际交往中实现自身价值。为维护自身利益安全与生活和谐稳定，人们达成约定，进而形成关系准则和行为规则，这便是道德的起源。

马克思指出，社会存在决定社会意识，社会意识对社会存在具有反作用。基于这一观点审视道德，可从两方面理解。其一，道德的产生源于社会发展需求。其二，道德对社会具有反作用。先进优秀的道德观念能够推动人类社会发展，落后的道德观念则会阻碍社会进步。

综上所述，道德是在人类实践过程中自发形成，贯穿人类生活各阶段、渗透社会各领域，依靠个人信仰与社会舆论双重约束，对全体社会成员具有规范作用的行为准则。道德是人们判断是非、美丑、善恶的重要标准，是协调人际关系的重要基础，对个人行为与社会发展发挥着重要的规范作用。

6.1.2 学生道德的特征

学生道德，即学生应具备的道德素质。一方面，学生道德需符合社会道德的基本标准，学生道德和社会道德在本质上具有一致性。另一方面，学生作为青年中的知识学习群体，既是中国式现代化的未来建设者和接班人，也肩负着引领社会文明风尚的责任，因而社会对其道德要求更具系统性、标准更高，这也是区别于对一般社会成员道德要求的关键所在。对于建设类院校而言，学生道德呈现以下四个特征。

（1）差异性

一方面，不同时期的学生群体有着不同的道德关注重心。随着时代发展，学生群体的道德重心不断转变。另一方面，个体学生的道德水准存在差异。尽管学生在校接受的教育内容相近，但受生活环境、个人禀赋等因素影响，学生道德水平呈现显著差异。开展学生道德教育时，需充分考虑这种差异性。

（2）可塑性

学生群体以青年为主，他们具有好奇心强、参与意识高、求知欲旺盛等特点，同时也存在理性思维不足、易受环境影响等情况。从某种程度上说，学生的世界观、人生观和价值观尚未完全确立，自身道德观仍处于发展阶段。此外，学生具备较好的文化基础，且在学校教育中接受道德培养，为进一步提升道德水准创造了有利条件。加之青年时期是个体身心快速发展、趋于成熟的阶段，更易于接受。在此情形下，实施有效的道德教育，能够显著提高学生的道德水平。学生的道德状态能够被道德教育有效影响，体现了学生道德的可塑性。

（3）实践性

道德本身具有实践性特征，学生道德同样如此。一方面，学生道德的养成与提升离不开实践。只有通过持续实践，学生才能深入体会道德内涵，逐步形成思想约束和行为规范。另一方面，学生道德需在实践中得以展现。唯有在实践过程中，学生才能彰显自身道德水平，发现道德认知与行为中的问题与不足，进而实现道德水平的提升。因此，开展学生道德教育时，必须高度重视实践的作用，避免将道德教育简化为单纯的说教或知识传授，而应充分通过实践推进教育工作。

（4）长期性

道德培养并非一朝一夕之功，学生道德建设同样不能一蹴而就。学生充满朝气，正处于成长成才的关键时期，培养和提升学生道德水准，既不能急于求成，也不能仅依赖学校，而应将道德教育融入学生学习、生活的点滴之中。学生道德教育需持之以恒，应持续对学生施加积极影响，逐步提升学生的道德水平。

6.1.3 影响学生道德养成的因素

学生道德的养成受多方面因素影响，目前来看，主要包括以下五个方面。

（1）家庭环境因素

家庭是个人成长的重要场所，家长是学生的启蒙老师。家庭若重视学生的道德培养，学生的道德水准往往相对较高；反之，若家庭忽视道德培养，则会在一定程度上影响学生道德水平的提升。家庭中助力学生提升道德水准，主要依赖家长的言传身教。一方面，家长应就道德问题与学生及时沟通交流，帮助学生完善道德素质、提升道德水平；另一方面，家长需以身作则，向孩子示范正确的道德行为，引导孩子见贤思齐，从而提升道德水准。

（2）社会环境因素

社会环境也是影响学生道德养成的重要因素，主要体现在两个方面。其一，社会风气对学生道德养成影响显著。良好的社会风气有助于学生逐步形成良好的道德观念；不良的社会风气则可能使学生出现道德失范现象，正所谓“近朱者赤，近墨者黑”。其二，网络环境影响学生道德养成。当前，网络是学生获取信息的主要渠道，但网络信息良莠不齐，学生由于缺乏社会阅历，极易受不良信息误导，进而导致道德缺失。

(3) 学校教育因素

学校是开展学生道德教育的主渠道和主阵地，但仍存在一些问题。第一，学生道德教育课程化程度不足。学生道德教育内容主要融入学校思想政治理论课，在课程篇幅和内容深度上，难以充分满足学生成长需求。第二，教师道德教育方法单一。不少学校的教师仍主要采用讲授式教学方法开展道德教育，学生缺乏实际道德体验，导致教育效果大打折扣。第三，部分教师自身道德修养有待提高，难以发挥榜样示范作用，无法成为学生道德学习的标杆，也削弱了学生道德教育的成效。

(4) 朋辈影响因素

在学生道德养成过程中，同类群体的影响不容忽视，其中朋辈群体尤为关键。通常，学生的朋辈群体因具有相似的价值观、生活经历，成员间交流顺畅，能够对彼此产生深远影响。学生在朋辈交往中相互模仿、熏陶，在潜移默化中能够实现道德观念的相互影响。因此，应充分重视朋辈群体对学生道德养成的作用，积极引导学生建立良好的朋辈关系，促进学生道德水平提升。

(5) 文艺作品因素

文艺作品对学生道德养成同样具有重要影响。文艺作品作为人类文化的精华，在提供娱乐享受的同时，也传递着特定的价值观与道德内涵。学生欣赏文艺作品时，容易对作品中的角色产生代入感，进而接受作品传递的价值观和道德理念，在此过程中受到道德引导。因此，在开展学生道德教育时，需重视文艺作品的作用，引导学生欣赏积极向上的文艺作品，以提升自身道德水准。

6.1.4 学生道德的基本要求

对于建设类院校而言，学生是未来建设事业的生力军，是中国式现代化建设的建设者和接班人。对学生道德的要求，主要包括以下三个方面。

（1）学生要具备基本的道德素质

学生的道德水准需达到社会的基本要求。在个人品德、社会公德、职业道德、家庭美德等方面，学生应具备良好的道德修养，能够自觉提升自身道德品质，妥善调节社会关系，展现良好的行为规范，契合社会对学生基本道德形象的预期。

（2）学生对道德养成要持有开放的心态

学生应持有开放的心态，积极提升自身道德修养，在学习与实践中不断强化道德体验，主动审视自身在道德方面的缺失与不足，并通过自身努力逐步提高道德水准。唯有如此，学生才能不断成长，持续提升道德素质。

（3）学生要对自身道德素养提出更高要求

学生在达到基本道德素质的基础上，还应当对自身道德素养提出更高要求，持续完善自我。例如在学术道德、生态道德、网络道德等方面，都应加强修养，努力成为符合时代要求、具备较高道德水准的时代新人。

6.2 建设类院校学生道德教育的内容

对于建设类院校来说，要从不同层次、不同方面，来开展道德教育，全面提升学生的道德水准。

6.2.1 学生道德素质要素的主要内容

学生道德素质要素包括以下四个方面。

（1）学生的道德认知

学生的道德认知，是指学生对于道德理论知识、行为准则的认识。一般来说，学生的道德认知可分为道德意识、道德思维、道德观念三个部分。学生的道德意识，通常是指学生在社会生活中，能够意识到相关道德问题，对道德现象具有一定敏感度，这是学生道德基本修养的体现。只有具备道德意识，学生才会有意识地思考道德问题，这也是学生道德水准提升的前提。学生的道德思维，通常是指学生在社会生活中，面对相关道德问题、道德现象时，能够从道德角度进行分析思考。只有具备道德思维，学生才有思考道德问题的能力，才能逐步接触、思考并践行道德问题。学生的道德观念，通常是指学生在社会生活中，面对相关道德问题、道德现象时，能够具有明确的评判标准，以确定相关问题和现象是否符合道德规范。只有具备道德观念，学生才有评判是非对错的标尺，才能最终作出道德判断并指导道德实践。由此可见，学生的道德认知是学生对道德的理性认识，是学生道德素质的重要基础。只有具备良好的道德认知，学生才能主动、有效地提升道德水准。

（2）学生的道德情感

学生的道德情感，是指学生对道德问题或道德现象的情感反应，属于情感的一种形式。具体而言，学生时代的道德情感是指学生根据自身掌握的道德行为规范，对社会上的真假、美丑、善恶所表现出的喜怒哀乐、爱憎好恶的情绪情感体验。一般来说，面对道德问题或道德现象时，如果学生有良好的道德体验并产生积极的道德情感，就会形成强烈的道德共鸣，从而产生坚定的道德认同。反之，如果学生有不良的道德体验，就会产生厌恶甚至抵触的道德情感，进而排斥相关的道德问题或现象。由此可知，学生的道德情感是学生对道德的感性认识，是影响学生道德素质的重要因素。只有具备强烈的道德情感，学生在判断道德问题、提升自身道德水平时，才会发挥主观能动性，积极参与道德思考和实践。从一定意义上说，学生的道德情感是学生提升道德素质的重要动力。

（3）学生的道德意志

意志是人们为实现既定目标而自觉努力的心理状态。学生的道德意志，是指学生遵守道德规范的心理状态。在社会生活中，当学生遇到与自身道德认知和道德情感不符的现象时，勇于克服相关因素的影响，坚守自身行为规范，这一心理过程即体现了学生的道德意志。道德意志坚定的学生，能够在内心形成坚定的道德信念，外在表现为勇于承担道德责任，自觉遵守道德规范；而道德意志薄弱的学生，则可能违背内心的道德信念，外在表现为逃避道德责任，出现道德失范行为。在现实生活中，一些学生面对诱惑能坚守道德意志，不为所动；而部分学生则因意志动摇而走向腐化堕落。学生的道德意志是学生道德素质的重要组成部分，只有具备坚定的道德意志，学生才能恪守道德观念，不屈从于外部诱惑和压力，真正按照自身道德标准践行道德行为，做到知行合一。从一定意义上说，学生的道德意志是学生道德素质的稳定器，在学生道德行为中发挥着重要作用。

（4）学生的道德行为

学生的道德行为，是指学生面对道德问题和道德现象时所作出的具体行为反应。道德行为是在道德认知、道德情感、道德意志的指引和激励下，表现出的具有道德意义的规范行为，良好的道德行为应是道德动机与行为方式的有机统一。可以说，学生的道德行为是学生道德素质的集中体现，也是学生道德素质的外在显现。通常情况下，学生只有具备良好的道德素质，才会有良好的道德行为；反之，若学生道德素质低下，则难以长期保持良好的道德行为。学生的道德行为是学生道德修养的落脚点，也是评判学生道德素质的重要依据。学生道德行为的优劣直接反映其道德素质的高低，对评判学生道德素质至关重要。在考量学生道德行为时，既要考量其行为出发点，也要考量其道德执行能力。良好的道德行为是学生道德素质的重要体现，也是学生道德教育的目标与追求。

6.2.2 学生道德体系的核心构成

学生道德体系的内容，主要包括学生社会道德、学生职业道德、学生家庭美德和学生个人品德四个方面。

（1）学生社会公德

学生社会公德主要体现在学生在社会生活中的道德规范，既体现学生在社会中的人际关系，也反映学生与社会的互动情况，对学生适应社会、服务社会具有积极意义。随着我国经济社会持续发展、社会文明不断进步、科学技术飞速发展，社会公德领域也发生了巨大变化。其一，随着人类对自然改造程度不断深入，生态问题已成为人类不可回避的现实。目前，建设生态文明已成为重要的国家战略，由此衍生出的生态道德，也成为现代人道德的重要组成部分。对于学生而言，具备良好的社会公德，能够在人与自然的交往中保持和谐，爱护地球家园，以正确的行为方式保护环境。其二，随着现代科学技术发展，网络空间已成为人们活动的主要空间，随之而来的大量网络道德问题，给人们生活、工作带来困扰。在此情况下，建设网络道德成为必然要求。作为网络空间的“原住民”，学生更应时刻遵守网络道德规范，加强网络道德修养，营造风清气正的网络环境，让每个人都能在网络空间中更好地学习、工作和生活。

（2）学生职业道德

学生职业道德主要体现在学生在职业生活中的道德规范，是学生道德教育的重要组成部分，关系到学生的职业发展，对学生求职择业、职业晋升等意义重大。从当前情况看，强调学生的职业道德对其成长成才至关重要。一方面，学生的职业道德包含职业理想、职业信仰、职业目标和职业行为等内容，这些要素对学生未来职业发展具有重要的引导作用，是职业发展的重要精神支撑。另一方面，许多用人单位十分看重学生的职业道德，具备良好职业道德的学生往往拥有更强的就业竞争力，能够在就业竞争中脱颖而出，实现顺利就业。

（3）学生家庭美德

学生家庭美德主要体现在学生在家庭生活中的道德规范，体现学生在家庭中的人际关系，通常通过学校引导、家庭实践得以培养，对促进家庭和睦、家庭幸福具有重要意义。家庭美德是中华优秀传统文化的重要组成部分，对个人生活质量、学生未来家庭生活乃至事业发展都至关重要。因此，应高度重视学生家庭美德培养，将家庭美德作为学生重要的道德教育内容，如此才能为学生未来的幸福生活奠定基础。

（4）学生个人品德

学生个人品德主要体现在学生自我修养方面的道德规范，体现学生对国家、社会、他人的态度和看法，是个人最基本的道德修养，对个人成长成才具有基础性作用。个人品德历来是中华美德的重要组成部分，也是学生融入社会、建立良好人际关系的重要基础。学校应当高度重视提升学生个人品德，将其作为学生道德考核的重要内容。

6.3 红色文化中蕴含的主要道德内容

中国共产党在百年奋斗历程中，孕育并不断发展红色文化，培育了伟大建党精神，夯实了党的道德信仰，激发了党的道德力量。目前来看，红色文化中蕴含的主要道德内容，有如下三个方面。

6.3.1 红色文化彰显责任义务的家国理想

中华优秀传统文化一直倡导以天下兴亡为己任的家国理想，强调“天下兴亡，匹夫有责”。责任是主体的主动承担，是一种道德自觉；义务是制度规定，是主体应尽之责。不管是责任还是义务，都源于使命感，因而一直受到人们的高度重视。个体生命与时代的崇高责任相连就会永垂不朽；一个人肩负的担子越重，就越能感受到生活的充实与快乐。人的一生，责任与义务无处不在，与生命同行。对国家和民族负责，对家庭和自我负责，是一个人立足社会的基本要求。责任与义务对每个人都普遍存在，社会往往以其所肩负的责任义务来判断其价值。中国共产党正是以对国家和民族高度的责任感和使命感开启革命征程的。责任义务与使命历程，汇聚成红色文化中关于责任义务的家国理想，丰富了红色文化的精神实质。对于建设类院校来说，贯彻红色文化中的责任义务观念，是开展道德教育的基础和底色。

6.3.2 红色文化彰显集体主义的道德情结

红色文化中的集体主义，本质是马克思主义集体主义中国化的实践形态。马克思主义倡导的集体主义精神，其最高标准是一切言论和行动都符合人民群众的集体利益，这既体现了马克思主义“人民至上”的根本政治立场，也与中国共产党“全心全意为人民服务”的根本宗旨一脉相承。作为一个历史范畴，集体主义随着社会形态演变而发展：从原始社会基于生存需要的朴素集体意识，到封建社会以血缘宗法为核心的家族集体观念（其本质是封建等级制度的伦理体现），再到资本主义社会中，马克思和恩格斯在批判私有制、指导无产阶级革命实践的过程中，提出了以阶级联合和人民利益为核心的无产阶级集体主义。进入社会主义时期，集体主义进一步发展为以公有制为基础，兼顾国家、集体、个人利益的现代道德原则，成为红色文化的重要内核。本质上，集体主义不仅是一个理论命题，更是贯穿于社会实践的道德境界与价值选择。

中国共产党领导中国人民坚持集体主义原则，从大局出发，从人民根本利益出发，从国家、民族的利益出发，紧密团结在党中央周围，一切行动听指挥。中央苏区五次反“围剿”后有组织的战略转移、红军长征中的通道转兵、四渡赤水、北上抗日，延安时期的南泥湾大生产运动、1947年陕北转战，新中国成立后的新疆生产建设兵团屯垦戍边、抗美援朝、社会主义全面建设、改革开放等历史实践，充分说明坚持集体主义原则、培育集体主义精神，以人民为中心，以国家和民族利益至上，是中国共产党团结带领全国人民取得一个又一个伟大胜利，实现中国人民站起来、富起来、强起来的重要法宝。红色文化用一个个真实感人的故事彰显中国共产党集体主义的内涵与情感，一个个鲜活事例更能教育人们将集体主义精神扎根心中。中国特色社会主义进入新时代，集体主义精神在一次次重大历史活动中发扬光大，既是对集体主义道德价值的高扬，也是对集体主义红色文化的创新与传承。因此，对于建设类院校来说，要充分利用红色文化中的集体主义精神涵养学生道德，引导学生以集体主义为导向提升自身道德水准。

6.3.3 红色文化彰显艰苦奋斗的革命精神

艰苦奋斗是中华民族的优良传统。中国共产党人正是在中华优秀传统文化的长期浸染下，在革命斗争的洗礼中，发扬艰苦奋斗的优良传统，才克服一个又一个困难，渡过一个又一个难关，取得一个又一个革命胜利，并弘扬了艰苦奋斗的革命精神。中国共产党在百年奋斗中铸就的艰苦奋斗革命精神，成为红色文化的精神基因，成就了中国共产党人不怕牺牲、排除万难、争取胜利的英雄气概。正是这种艰苦奋斗的革命精神，感动、吸引并汇聚了亿万人民群众的力量，夯实了中国共产党领导的人民战争的基础，赢得了人民团结战斗的彻底胜利。

艰苦奋斗是中国共产党的优良作风和传家宝，中华民族唯有保持艰苦奋斗本色，才能不断推动中国特色社会主义现代化建设和中华民族伟大复兴事业迈向新胜利。因此，对于建设类院校来说，要充分利用艰苦奋斗的革命精神提升学生的坚韧品质，为其道德水准的提升提供动力和保障。

6.4 红色文化融入建设类院校道德教育的实施路径

对于建设类院校来说，红色文化融入道德教育，有以下四条实施路径。

6.4.1 整合红色文化的教育资源

从教育意义上讲，红色工程、红色景点、红色纪念馆、红色标志物等资源是生动的现场课堂，蕴含着深厚的政治智慧和道德养分。可以说，红色文化融入道德教育主要依靠红色文化资源的开发和利用，内容丰富、材料翔实、挖掘深入的红色文化资源更能打动学生，从而取得更好的教育效果。从红色文化资源开发利用角度看，针对红色文化德育功能的实现，要进一步有效整合红色文化资源。一方面，要深入挖掘红色教育内容。针对学校教学中红色内容缺失的现状，教师应加大对本地红色文化的研究力度，利用好现有历史材料，充分运用互联网大数据工具，丰富本地红色教育资料，为学校德育教育提供资源支撑。另一方面，要编著本地红色教育教材。特别是针对学校教育，教育部门可以积极牵头组织红色德育教材的编纂工作，收集、整理本地区的红色教育资源，邀请专家、学者进行指导，形成本地的红色文化权威教材或大众读本，让学生全面了解本地区红色文化知识，进而提升学生的道德水准。

6.4.2 深化红色文化的主题实践

红色文化融入道德教育，开展多层次的红色文化主题实践活动，有利于将红色文化学习与实践相结合，提高道德教育的实效性。目前，对于建设类院校来说，在开展主题活动时往往存在形式固定、单向灌输的现象，不能满足不同年龄段学生的求知需求和红色体验。特别是对于低年级学生，难以有效激发他们发现问题和解决问题的积极性，更难以实现道德体验和情感认知。其实，开展红色文化主题实践活动需要根据不同教育对象和教育任务来确定，并规划好活动内容和形式，对实践活动的教学效果作出预期评估。例如，为培养学生坚定不移的革命信念和艰苦奋斗的作风，可组织学生前往革命烈士陵园、革命博物馆、革命历史纪念地等红色教育基地，感受中国共产党人在革命岁月中展现的坚定不移的革命信念与艰苦奋斗的优良作风；同时，安排“穿红军军装、学唱革命军歌、重走革命山路”等沉浸式体验活动，还原历史场景，让学生在实践中体会革命先辈胸怀理想、敢于胜利的精神境界。在此过程中，主题活动的指导教师要做好引导工作，通过活动凝聚学生，激发他们的创新意识和团结精神，在实践中提升道德修养。

6.4.3 利用红色文化教育的网络平台

在互联网时代，人们的活动空间大多转移到了网络上，尤其是年轻人已形成在网络上活动、工作和学习的习惯。因此，红色文化要实现育人价值，提升学生的道德水准，应充分利用网络平台。从当前红色文化网络内容来看，基本停留在展览式层面，存在信息更新不及时、主题不鲜明、“大杂烩”式介绍等问题，缺乏表达特色、互动环节和内容创新。在开发红色文化网络内容时，要坚持以学生需求为导向，以道德提升为目标，采用学生乐于接受的视觉界面，创新表达方式。例如，上传红色动画、经典金曲、大众喜爱的影视剧等；在网络平台上适度开展红色道德知识竞答、红色道德故事动漫小视频制作、红色歌曲挑战赛等活动，吸引更多人参与。此外，还可以设置讨论专栏，引导不同群体对感人的红色故事、可歌可泣的历史事件等进行讨论，鼓励学生查阅资料、谨慎求证，消除错误、消极的认识。

6.4.4 挖掘红色文化的独特优势

红色文化之所以独特，之所以区别于其他形态的社会主义先进文化，关键在于“红色”二字。红色文化具有丰富的多样性：首先，红色文化不受区域限制，中国共产党人生活过、战斗过的地方，以及革命事件发生过、影响过的地方，都属于红色文化区域；其次，就形式而言，红色文化既包括文学、戏剧、音乐、舞蹈、美术、摄影、电影等传统形式，也涵盖学生VR体验、新媒体平台展示等现代形式；再次，红色文化不受时间、空间以及存在形式的限制，具有开放性；最后，红色文化作为一种优秀的文化形态，具有独特的价值理念和道德内涵，是我国进行道德建设的宝贵资源。由此可见，依据红色文化开放性的特点，将新旧形式相结合，灵活融入现代生活，开辟学生道德实践的新路径，能够充分利用红色文化资源，全面提升学生道德建设水平。

第 7 章

CHAPTER 7

红色文化融入建设类院校国家安全教育研探

在一个国家的持续生存与不断发展过程中，国家安全扮演着至关重要的角色。不难发现，国家安全不仅是国家生存与发展的基石，也是确保国家长治久安的关键因素。红色文化是具有深厚历史底蕴和革命传统的元素，与国家安全问题密切相关，将红色文化融入建设类院校国家安全教育，对于促进和加强国家安全教育的实施，具有不可估量的重要价值和深远影响。

7.1 国家安全的基本认知

国之大者，安全为要。对于一个国家、一个民族以及广大人民群众而言，国家安全扮演着至关重要的角色，关乎国家的稳定、民族的繁荣以及人民的福祉。

7.1.1 国家安全的含义

“国家安全”这一概念由“国家”与“安全”两个词汇紧密相连而成。国家作为核心实体，其构成要素不仅包括人民、领土、主权，还涵盖政治、经济、文化等多个方面。根据《辞海》的解释，国家安全指国家利益不受自然灾害侵袭和国内外敌对势力威胁；国家政权和主权不受侵犯，领土完整，经济利益得到保护，社会和谐稳定，意识形态和文化体系不受破坏性思想和舆论侵蚀；人民生命和财产安全得到充分保障，自然生态环境保持良好有序状态，以确保国家长期繁荣和人民幸福生活。

自古以来，我国就非常重视国家安全，古代谚语中包含许多关于国家安全的见解，如“居安思危”“天下兴亡，匹夫有责”。进入现代社会，“国家安全”这一术语被广泛使用。1947年，美国颁布世界上第一部《国家安全法》，这部法律的颁布标志着国家安全概念的正式确立，也为其他国家提供了国家安全立法的范例。此后，“国家安全”一词在全球范围内被普遍采纳，频繁出现在各国法律文献和政策条款中，成为各国政府制定和实施政策时的重要考量因素。

进入新时代，以习近平同志为核心的党中央创造性提出总体国家安全观，成立中央国家安全委员会，全面深化国家安全体制机制改革，加快推进国家安全体系和能力现代化，国家安全得到全面加强。中国在原则问题上寸步不让，进行了具有许多新的历史特点的伟大斗争，经受住了来自政治、经济、意识形态、自然界等方面的风险挑战考验。国家安全工作取得历史性成就，发生历史性变革，为全面建成小康社会、迈上全面建设社会主义现代化国家新征程提供了有力安全保障。新时代的中国国家安全是总体的、系统的、相对的大安全，是以人民安全为宗旨、以政治安全为根本、以国家利益为准则的安全，是服务和促进高质量发展的安全，是根据经济社会发展动态调整的安全，是支撑进一步扩大高水平开放的安全，是在法治轨道上规范运行的安全。中国统筹自身安全和共同安全，反对安全泛化，不实施安全胁迫，不接受威胁施压，坚持独立自主、自信自立，把解决安全难题放在自身力量的基点上，坚持中国特色国家安全道路。

结合当前国际与国内形势，国家安全是一个多维度的概念，不仅指国家目前处于没有受到威胁的稳定状态，还涵盖国家为保持这种稳定状态而具备的维护能力。具体来说，“国家安全”这一概念包含两层重要含义：其一，国家安全指国家目前没有遭受任何危险，没有受到外部威胁，并且内部保持和谐稳定状态；其二，国家安全意味着国家拥有确保这种安全状态持续的能力。根据《中华人民共和国国家安全法》定义，国家安全是指国家政权、主权、统一和领土完整、人民福祉、经济社会可持续发展和国家其他重大利益相对处于没有危险和不受内外威胁的状态，以及保障持续安全状态的能力。

7.1.2 国家安全直接关乎国家主权独立和领土完整

国家安全至关重要，直接关系到国家的主权独立及领土完整。换言之，只有国家安全得到充分保障和维护，国家才可能拥有持续发展的空间和机会。一个国家的繁荣昌盛，不仅需要经济稳步增长，还需要稳定安全的环境作为基础。没有安全作为前提，任何发展计划都可能成为泡影。

（1）国家安全关乎国家主权独立

主权，亦称国家主权，是指一个国家自主决定其国内外事务、管理本国的至高无上的权力。这一概念是国家独立和自主性的象征，是国家与其他社会集团相区别的独特标志，是国家固有的权利。国家由全体公民及其居住的地区构成，国家主权的根基深深植根于全体公民之中。因此，国家主权的核心在于维护国家统一，确保所有公民的利益得到保护，同时保障国家的独立性和自主性，不受外来干涉。

国家主权的主要构成。一般来说，主权包括以下四种权力：其一，管辖权。管辖权是指一个国家对其领土内所有居民（不包括享有外交豁免权的个体）及其领土外的本国公民拥有管理的权力。换句话说，国家有权根据自身情况决定其政治和社会经济体系。管辖权是国家主权的重要组成部分，不仅限于对人的管理，还包括对国家领土内所有事务的控制，包括立法、行政和司法等方面。管辖权的行使必须遵循国际法和国内法的相关规定，确保其行为的合法性。此外，管辖权还涉及与其他国家的关系，特别是在处理跨国犯罪、环境保护、经济合作等问题时，国家之间需通过外交途径协调各自的管辖权，避免冲突和重叠。其二，自主权。自主权是指一个国家能够完全自由地行使其国家权力，不受任何外部力量的干预和影响。自主权是国家主权的重要组成部分，确保国家在内政、外交、经济、文化等各个领域都能根据自己的意愿和利益制定政策和法律。自主权的实现，意味着国家能够独立决定自己的发展方向，保护本国公民的权益，以及在国际舞台上维护自身利益。自主权的缺失，往往会导致国家的政策和行动受到外部势力的制约，从而影响国家的独立性和稳定性。其三，自卫权。自卫权是指国家为了维护其政治独立和领土完整，对外部的侵略行为和威胁进行抵抗和防御的权力。自卫权是国家作为国际法主体不可或缺的条件之一，由此可见，自卫权对于一个国家的主权至关重要。其四，平等权。平等权强调无论主权国家的规模大小、力量强弱，或是政治立场、经济发展水平、意识形态和社会制度存在何种差异，这些国家在国际法中的地位和权利都是完全平等的。平等原则是国际关系的基石，确保各国在相互交往中以公正和尊重为基础，共同维护国际社会的和谐与稳定。

国家主权的主要特征。一般来说，国家主权的主要特征有以下四点。其一，排他性。国家主权是其固有的特质，拥有不可让渡、不可分割、不可侵犯的崇高地位，具有排他性。主权是国家独立自主的象征，是国家行使权力和履行职责的基础。其二，自主性。国家的主权代表其在处理国内外事务时所拥有的至高无上的权力，这种权力确保国家在国际社会中能够自主决策，不受外来势力的非法干预。其三，双重性。主权包含双重性质：在国内，表现为至高无上的对内主权，意味着国家拥有在其领土范围内制定和执行法律的最高权力；在国际舞台上，主权则体现为独立的对外主权，即国家在与其他国家交往时所拥有的自主权。其四，独立性。主权是一个国家独立自主的象征，直接彰显国家的自由和尊严，是国家主权的关键要素，不仅包括领土完整（确保国家的地理边界不受侵犯），还涵盖政治独立（意味着国家在内政和外交上拥有自主决策的权利）。与其他国家主权平等是国际关系中的基本原则，要求各国在相互交往中尊重彼此的主权，不干涉内政，确保国际社会的和平与稳定。

（2）国家安全关乎国家领土完整

领土是国家存在的物质基础，是国家的核心资源，是国家主权的象征，是国家主权得以实施的地理范围。几乎所有国与国之间的冲突，无论是历史上的还是现代的，往往都是因争夺领土资源而引发的。同时，根据国际法的规定，国家在其领土范围内享有专有的管辖权力，这意味着国家可以独立制定和执行法律，管理其领土内的事务。领土不仅是国家主权的物理承载物，还是国家行使主权的舞台。国际法确保国家对其领土拥有不可侵犯的权利，任何外部势力都不得非法侵占或干涉国家对其领土的管理。因此，领土完整是国家主权的核心要素，是国家独立和尊严的体现。国家安全的核心在于维护领土不受侵犯，确保国家的主权和领土完整。因此，回顾历史上的战争记录，常可见到战败国被迫“割让土地并支付战争赔款”的记载。这些事件不仅反映了战争的残酷性，也揭示了领土在国家利益中的核心地位。一个国家若无法确保自身安全，其领土便时刻处于危险之中，主权和领土完整随时可能受到威胁。由此可见，只有确保国家安全，才能维护国家主权的独立和领土的完整，确保国家的长远发展和人民的福祉。

7.1.3 国家安全是人民安居乐业、幸福生活的保障

人民的安居乐业和幸福生活建立在国家安全的基础之上。如果没有国家安全作为保障，人民的安居乐业将不复存在，幸福生活也将遥不可及。因此，维护国家安全是每个公民的责任和义务，也是实现个人幸福和社会进步的重要保障。

（1）国家安全是人民安居乐业的保障

在国家安全的坚实保障下，民众才能自由地追求事业，享受安定富足的生活。国家安全为民众的安居乐业提供了坚实支撑，赋予民众生活稳定性。在这样的环境下，人们才能最大限度地按照自己的意愿生活，追求个人的梦想和目标。反之，若缺乏国家安全保障，安居乐业便无从谈起：一方面，缺乏国家安全保护，外患侵扰不可避免，民众将饱受战乱之苦，流离失所，安居无望；另一方面，没有国家安全保障，社会秩序可能随时被破坏，民众的工作和生活将受到干扰，乐业亦成为空谈。因此，必须深刻认识到国家安全的重要性——国家安全是保障人民幸福生活的基石，是实现国家长治久安的必要条件。

（2）国家安全是人民幸福生活的保障

根据《辞海》的解释，幸福可以理解为当个人的理想目标得到实现或接近实现时，内心所涌现的一种满足感。从心理学角度来看，幸福不仅仅是一种正面的心理状态，还与快乐、兴奋、乐观、希望以及积极的情感紧密相关。通常情况下，幸福可以描绘为：人们通过合理合法的手段，在不懈努力下满足合理需求时，产生的一种全面的、根本的，且人与人和谐相处、人与物关系圆满的愉悦情感体验。在国家安全的庇护下，人们能够享受幸福生活：一方面，国家安全为人们提供了和平的生活环境，让人们在没有战争干扰的情况下和平共处、积极健康地发展；另一方面，国家安全保障促进了社会各项事业快速发展，极大地满足了人们的物质和精神需求，从而催生幸福感。人们在享受安全稳定的同时，也能够追求个人梦想和职业发展，享受家庭温暖和社会和谐。由此可见，正是国家安全的保障，为人们提供了和平的生活环境、个人发展的机遇以及物质和精神上的满足。可以说，国家安全是人民安居乐业和生活幸福的最强有力保障。

7.1.4 国家安全是社会稳定和长治久安的基石

一个国家的长治久安和社会的稳定安宁，建立在坚实的国家安全基础之上。如果缺少安全保障，社会秩序将受到威胁，进而陷入混乱动荡，严重影响社会的和谐发展和持续安定。

（1）国家安全是社会稳定的基石

社会稳定是推动社会变革和进步的关键因素。一个不稳定的社会难以激发改革与进步的活力，也难以实现改革与进步的卓越成就。只有在和谐稳定的环境中，人们才能集中精力思考和实施长远的发展计划，推动社会整体向前发展。当国家安全得到维护时，社会便能保持稳定并持续进步。纵观世界各国历史，国家安全一旦遭受威胁，社会便可能陷入动荡。在动荡的社会中，民众生活常常遭受极大困扰：一些国家因国家安全问题导致外部势力侵略，社会架构遭到破坏，人口和财富被掠夺；另一些国家因国家安全问题导致社会失控，法律效力丧失，犯罪活动频繁，甚至盗匪横行；还有一些国家因国家安全问题导致社会秩序混乱，社会各项事业停滞不前，农民无法耕种，工人无法工作，商店无法营业，医疗和教育等社会服务也遭受严重影响。社会稳定与国家安全紧密相连，只有确保国家安全，社会稳定才能得到保障。国家安全是社会稳定和发展的前提，没有安全就没有稳定，没有稳定就没有进步。

（2）国家安全是长治久安的基石

“长治久安”这一术语用以描绘一个国家或社会长期的稳定与和平。只有实现长治久安，才能迎来太平盛世，这不仅意味着国家内部秩序井然，也意味着国家外部关系和谐，人民生活在没有战乱、社会秩序井然的环境中，享受和平与繁荣。在确保国家安全的前提下，国家和社会才能实现长期稳定与和平，保证二者发展的连续性，促进社会财富的持续累积。一旦国家安全受到威胁，社会的长治久安便难以维系：一方面，国家安全受损，国家难以实现长期治理，常伴随战乱频发、秩序混乱，政策难以顺利实施，个人奋斗成果易遭破坏，财富积累亦无法持续；另一方面，国家安全问题频出，人们自然无法享受长久安宁，每个地区、每个人都会对未来感到忧虑，生活如临深渊，无法安心规划未来。因此，国家安全是社会长治久安的基石，没有安全就没有稳定，没有稳定就没有发展。

7.1.5 国家安全是实现中华民族伟大复兴的中国梦的重要前提

中国梦不是一个简单的词汇，而是承载着中华民族伟大复兴的宏伟蓝图。中国梦将国家、民族与个人的命运紧密相连，确保国家和民族的利益与每个个体的利益同步发展。国家安全是实现中国梦不可或缺的基础，为实现中华民族伟大复兴，必须确保国家安全得到保障。

（1）政治安全是实现中国梦的基本前提

国家安全的核心要素是政治安全，其直接关系到国家的存续及执政党的命运。政治安全可从国内和国际两个主要维度阐释：在国内，政治安全通常涉及政治架构的合理性、政治环境与生态的稳定性，确保国家政权顺畅运作，同时保持主流意识形态的主导地位；在国际层面，政治安全则主要关注国家主权的独立性和领土的完整性。确保政治安全和政权稳定是实现中华民族伟大复兴梦想的关键条件。只有维护好政治安全，才能有效应对各种风险挑战，提升党的执政效能和水平，在中华民族伟大复兴的道路上奋勇前进。

（2）人民安全是民族复兴的强大力量

确保人民安全是国家安全的基石，也是国家安全工作的核心理念。国泰民安不仅反映了广大民众最根本、最广泛的期望，更是国家长治久安的象征。为实现中华民族伟大复兴，确保人民安居乐业、维护国家安全是至关重要的任务。人民是维护国家安全的基础性力量，是历史的缔造者，也是实现中华民族伟大复兴的中国梦的依靠。实现宏伟目标的关键在于保护人民的生命安全，为人民提供安全的生活环境，在关键领域完善国家安全制度体系，不断提升人民的安全感、获得感和幸福感。因此，党和政府必须始终把人民安全放在首位，凝聚起维护国家安全、实现民族复兴的强大力量，确保国家长治久安，让人民在和平与繁荣中共同迈向更加美好的未来。只有当每一个公民都感到安全和被保护，国家才能真正实现稳定和繁荣。在追求国家发展的同时，不能忽视任何可能威胁人民安全的因素，无论是自然灾害、社会动荡还是外部威胁，都必须得到妥善管理和预防。

（3）经济安全是国力提升的重要保障

经济安全在国家安全中占据重要地位。近年来，随着我国经济社会发展，经济安全越来越受到党、国家和人民的重视。党的十八大以来，以习近平同志为核心的党中央，深入研究分析国际国内经济发展现状，深刻把握我国基本国情，针对我国经济发展所处的特定阶段，制定了一系列重大战略决策。这些战略决策为在新形势下落实新发展理念、推进创新驱动发展战略、预防和化解经济领域风险挑战、保持经济活力、确保发展成果广泛惠及全体人民以及实现中华民族伟大复兴，提供了坚实的物质基础。只有确保经济安全，才能保障政治、民生、文化等各方面健康发展，显著提升综合国力，增强抵御外部环境冲击的能力，从而有效推动中华民族伟大复兴进程。

（4）文化安全是民族昌盛的基础支撑

一个国家的繁荣昌盛与文化的兴旺发达密不可分，一个民族的强盛同样与文化的强盛紧密相连。文化不仅展现国家软实力，更是中华民族的灵魂，其兴衰直接关系民族的未来和命运。因此，确保文化安全是民族繁荣发展的根本条件和重要保障。如果文化安全受到威胁，中华文明的宝贵传统将难以传承，人民将缺乏精神支柱和心灵慰藉，中华民族伟大复兴梦想也将难以实现。一方面，文化是搭建各民族团结进步的精神桥梁。我国56个民族共同为中华的繁荣壮大贡献了巨大力量，每个民族都拥有独特的文化和历史遗产，正是对中华文明的共同认同，让各民族紧密联合，共同为实现中华民族伟大复兴而努力。另一方面，文化安全是文化繁荣的根基，只有筑牢文化安全防线，才能推动文化创新发展，进而直接关系到国家和民族的未来。因此，只有保护好国家文化安全，才能确保中华民族伟大复兴的中国梦的实现，才能让我们的文化在世界舞台上绽放光彩，展现中华民族的独特魅力和深厚底蕴。

（5）国际安全为实现中国梦营造有利外部环境

中国的发展离不开世界，中华民族伟大复兴的实现也离不开世界的支持。随着全球化程度深入发展，国与国之间交往规模不断扩大，国际社会逐渐成为相互影响、相互促进、相互依存的有机整体，成为命运共同体。近年来一系列世界性问题给各国敲响了警钟：面对危害世界共同安全的问题时，世界各国只有摒弃民族差异、偏见、隔阂的观念，积极主动寻求合作，才能达成共识，形成战胜灾难的合力。安全的国际环境是实现中华民族伟大复兴的外部依托。随着中国的快速崛起，个别西方媒体大肆炒作“中国威胁论”，故意制造争端，企图影响我国发展进程。为消除不利因素，我们要全方位强化国际安全合作，促进国际共同安全，为实现中华民族伟大复兴营造有利的外部环境。

7.2 全面贯彻总体国家安全观

国家安全是安邦定国的重要基石，维护国家安全是全国各族人民根本利益所在。坚持总体国家安全观，是习近平新时代中国特色社会主义思想的重要组成部分，是中国国家安全理论的最新成果，是维护国家安全的行动纲领和科学指南，对加快推进社会主义现代化、实现中华民族伟大复兴的中国梦具有深远的重要意义。

7.2.1 总体国家安全观的丰富内涵

2014年4月15日，习近平总书记在中央国家安全委员会第一次会议上，创造性提出总体国家安全观；2017年10月，党的十九大将坚持总体国家安全观纳入新时代坚持和发展中国特色社会主义的基本方略；2018年4月，习近平总书记在十九届中央国家安全委员会第一次会议上进一步阐述总体国家安全观，提出坚持人民安全、政治安全、国家利益至上的有机统一，坚持维护和塑造国家安全等重大论断；2020年10月，党的十九届五中全会强调牢牢守住安全发展底线，把统筹发展和安全纳入“十四五”时期我国经济社会发展的指导思想；2020年12月，习近平总书记在主持十九届中央政治局第二十六次集体学习时，对总体国家安全观作出全面、系统、完整的论述，提出“十个坚持”的工作要求；2021年11月，党的十九届六中全会系统总结新时代维护国家安全取得的重大成就和宝贵经验；2022年10月，党的二十大就推进国家安全体系和能力现代化进行专章部署，进一步丰富和发展了总体国家安全观。

（1）以人民安全为宗旨

总体国家安全观的核心目标是确保人民安全。中国共产党的根本宗旨是全心全意为人民服务，确保国家安全的最终目的是保护人民的生命财产安全，保障人民享有生存和发展的基本条件，推动人的全面自由发展。将人民安全放在首位，意味着必须坚持以人民为中心的发展思想，确保国家安全工作始终围绕人民利益展开，依靠人民力量，巩固国家安全的人民基础。这种以人民为中心的安全观，强调国家的安全与人民的福祉紧密相连，国家的繁荣稳定离不开人民的安居乐业。因此，国家在制定和实施安全政策时，必须充分考虑人民的需求和利益，通过各种措施和手段，保障人民的安全感和满意度。

（2）以政治安全为根本

政治安全作为国家安全观的核心组成部分，构成国家总体安全的基石。它不仅包括国家领土主权完整、政治体制稳定，还涵盖意识形态独立，确保这些方面不受任何形式的侵害、干扰、威胁和破坏。政治安全的核心价值在于确保国家政权稳定运行，这直接关系到国家政权的稳固性，是国家安全体系中不可或缺的要素。在国家安全各领域中，政治安全占据核心和根本性地位，具有战略性意义，是国家安全的重中之重。作为中国共产党领导的社会主义国家，我国的政治安全不仅关乎领土完整和主权独立，还包括坚持人民民主专政和中国特色社会主义制度，坚持马克思主义意识形态的主导地位，这些都不容动摇。最为关键的是，必须确保中国共产党的领导和执政地位绝对稳固。

（3）以经济安全为基础

总体国家安全观的基础是经济安全。随着经济全球化深入发展，全球贸易、投资和金融自由化步伐加快，各国经济相互依赖性增强，单一国家或地区的经济问题可能迅速扩散为全球性经济风险。例如，源自美国的金融危机就对全球经济造成巨大影响。基于经济安全考量，不仅需要确保国内经济制度、国民经济、金融体系和国家能源资源安全，还必须做好应对潜在外部经济冲击的准备，保障国家经济持续稳定发展，增强国家经济实力，为国家安全提供坚实物质基础。

（4）以军事、文化、社会安全为保障

总体国家安全观的保障是军事、文化和社会安全。军事安全是国家领土和主权完整的核心，关乎国家存亡，也是其他安全领域的坚实后盾。文化安全对民族和国家的独立性及尊严具有至关重要的精神支撑作用。在信息社会，文化在综合国力竞争中的地位日益重要，多元文化的相互碰撞和融合使维护文化安全的任务更加繁重，提升国家文化软实力和中华文化国际影响力更为迫切。社会安全直接影响民众生活品质和水平，关系国家的安全与稳定。因此，以军事、文化、社会安全为保障，必须深入研究这些领域面临的新情况新问题，遵循各自领域特点和规律，建立并完善一系列基础性、预防性的策略和措施，构建国家安全的坚固防线。

（5）以促进国际安全为依托

总体国家安全观的重要创新在于以促进国际安全为依托。在当今世界，地球村理念日益凸显，各国相互依存、紧密联系达到前所未有的程度。国家安全已不再是孤立的、零和的、绝对的，而是深刻受到国际环境影响，国际环境的任何变动都可能成为影响国家安全的关键因素。随着我国与世界各国在政治、经济、文化、军事等各领域联系不断加深，许多安全问题呈现全球性，与国际大环境紧密相连。因此，以促进国际安全为依托，必须坚定不移走和平发展道路，既重视维护本国安全利益，又致力于维护国际安全，推动构建持久和平、共同繁荣的和谐世界。

7.2.2 坚持总体国家安全观的重大意义

总体国家安全观强调在政治、经济、文化、社会、网络、生态等多个领域，以及对外部环境和内部条件的全面考量，确保国家的主权、安全、发展利益不受侵犯，为国家的和平发展和人民的幸福生活提供坚强保障。

（1）坚持总体国家安全观是新时代坚持和发展中国特色社会主义的必然要求

坚持和发展中国特色社会主义，保证国家安全是头等大事。中国特色社会主义是改革开放以来党的全部理论和实践的鲜明主题。党的十八大以来，以习近平同志为核心的党中央一以贯之坚持和发展中国特色社会主义，以实现中华民族伟大复兴为历史使命，统筹国内国际两个大局，统筹发展安全两件大事，举旗定向，谋篇布局，迎难而上，开拓进取，国家安全全面加强，为推动党和国家事业取得历史性成就、发生历史性变革提供了坚强保障，中国特色社会主义进入新时代。

中国特色社会主义进入新时代，迎来了从站起来、富起来到强起来的伟大飞跃，迎来了实现中华民族伟大复兴的光明前景。但中华民族伟大复兴绝不是轻轻松松、敲锣打鼓就能实现的。近代以后，中华民族复兴进程曾多次被打断，给我们留下了深刻警示。历史机遇稍纵即逝，风险挑战如影随形。前进道路不可能一帆风顺，越是接近奋斗目标，前进阻力和风险压力就越大。在新征程上，还有许多“娄山关”“腊子口”需要跨越，还有许多“雪山”“草地”需要征服。这就要求我们必须付出更为艰巨、更为艰苦的努力，一以贯之增强忧患意识，做到居安思危、知危图安，越是取得成绩的时候，越是要有如履薄冰的谨慎，越是不能犯战略性、颠覆性的错误，确保中国特色社会主义伟大航船胜利驶向光辉的彼岸。

当前，我国国家安全内涵和外延比历史上任何时候都要丰富，时空领域比历史上任何时候都要宽广，内外因素比历史上任何时候都要复杂，各种可以预见和难以预见的安全风险挑战前所未有。面对波谲云诡的国际形势、复杂敏感的周边环境、艰巨繁重的改革发展稳定任务和向第二个百年进军的目标要求，必须深刻认识我国社会主要矛盾变化是关系全局的历史性变化，把住人民日益增长安全需要的基本面，瞄准不平衡不充分的聚焦点，认清国家安全新形势新任务新要求，立足国际秩序大变局来把握规律，立足防范风险的大前提来统筹，立足我国发展重要战略机遇期大背景来谋划，牢牢掌握维护国家安全的战略主动权，有效应对重大挑战、抵御重大风险、克服重大阻力、解决重大矛盾，进行具有新的历史特点的伟大斗争，交上人民满意的新答卷，书写中国特色社会主义的新篇章。

（2）坚持总体国家安全观是习近平新时代中国特色社会主义思想理论创新的重要方面

党的十八大以来，在波澜壮阔的伟大实践中，习近平总书记高度重视国家安全，深刻总结国家安全的基本经验，科学把握国家安全的内在规律，敏锐洞察国家安全形势的新变化新特点新趋势，创造性提出总体国家安全观，深刻揭示了中国国家安全的本质，实现了我们党在国家安全理论上的历史性飞跃。十多年来，国家安全全面加强，国家安全体制机制之所以能不断健全，国家安全法律体系之所以能逐步形成，国家安全战略之所以能发展完善，国家安全能力之所以能显著提升，根本就在于有总体国家安全观的科学指引。

坚持总体国家安全观，既是习近平新时代中国特色社会主义思想的重要组成部分，又是落实习近平新时代中国特色社会主义思想的实践要求。总体国家安全观从国家安全角度科学展开，回答了新时代坚持和发展什么样的中国特色社会主义、怎样坚持和发展中国特色社会主义的重大理论和实践问题。这充分体现了我们党对国家安全认识的新高度，充分体现了我们党对党和国家事业全局的全新把握和长远擘画，充分体现了我们党对共产党执政规律、社会主义建设规律和人类社会发展规律认识的进一步深化，成为习近平新时代中国特色社会主义思想理论创新的重要方面。

坚持总体国家安全观，强调以政治安全为根本，就是始终坚持党的领导和中国特色社会主义制度不动摇，把维护制度安全、政权安全放在国家安全的首位，坚决反对一切削弱、歪曲、否定党的领导和中国特色社会主义的言行。强调以人民安全为宗旨，就是要保障人民利益，坚持国家安全一切为了人民、一切依靠人民，不断提高人民的获得感、幸福感、安全感，为人民安居乐业、幸福生活提供坚强保障。强调坚持国家利益至上，就是把维护国家利益作为国家安全的准则，不回避矛盾和问题，不惹事不怕事，不做交易不吞苦果，坚决维护国家主权、安全、发展利益。强调发展和安全并重，就是坚持发展和安全都是硬道理，发展是安全的基础、安全是发展的条件，以发展促安全、以安全促发展，两手都要抓都要硬。强调科学统筹的根本方法，就是要统筹外部安全和内部安全、国土安全和国民安全、传统安全和非传统安全、自身安全和共同安全，坚持立足当前与着眼长远相统一、整体推进与突出重点相统一、重维护与重塑造相统一、原则性与策略性相统一，不断丰富完善国家安全体系。

（3）坚持总体国家安全观是推进新时代国家安全实践的行动纲领

坚持总体国家安全观是路线图、方法论，为推进新时代国家安全实践指明了方向、提出了要求。

坚持党对国家安全工作的绝对领导。党政军民学，东西南北中，党是领导一切的。党的领导是中国特色社会主义最本质的特征和最大优势。坚持党的绝对领导，是做好国家安全工作的根本原则，是维护国家安全和社会安定的根本保证。“绝对”就是无条件无死角，就是任何时候任何情况下都以党的旗帜为旗帜、以党的方向为方向、以党的意志为意志。坚决维护以习近平同志为核心的党中央权威，牢固树立“四个意识”、坚定“四个自信”、做到“四个服从”。坚持党总揽全局、协调各方，坚决维护集中统一、高效权威的国家安全领导体制，不折不扣贯彻落实国家安全的重大战略部署。认真贯彻国家安全责任制，强化维护国家安全责任，依法行使国家安全法律法规赋予的职权，做到守土有责、守土尽责。

健全完善国家安全体系。完善国家安全战略和国家安全政策，健全国家安全保障体制机制，加强国家安全工作组织协调。切实维护重点领域国家安全，以政治安全为根本统筹推进各项安全工作，建立健全跨部门跨地区联合工作机制，严密防范和坚决打击各种渗透颠覆破坏活动、暴力恐怖活动、民族分裂活动、宗教极端活动。完善国家安全制度体系，提高国家安全法治化水平，充分运用法律手段维护国家安全。贯彻落实《中华人民共和国国家安全法》，在颁布实施《中华人民共和国反间谍法》《中华人民共和国反恐怖主义法》《中华人民共和国境外非政府组织境内活动管理法》《中华人民共和国网络安全法》《中华人民共和国核安全法》等国家安全法律法规的基础上，加快形成一套立足基本国情、体现时代特点、适应战略安全环境，内容协调、程序严密、配套完备、运行有效的中国特色国家安全法律制度体系。

增强驾驭风险本领。增强风险防控意识，坚持底线思维，与时俱进地认识和把握各种现实的和潜在的重大风险，守住不发生系统性、颠覆性风险的底线，从最坏处着眼，争取最好的结果。牢牢掌握主动权，既要有防范风险的先手，也要有应对和化解风险挑战的高招；既要打好防范和抵御风险的有准备之战，也要打好化险为夷、转危为机的战略主动战。提高风险防控能力，完善风险防控机制，抓重点、补短板、强弱项，严防风险传导叠加升级，善于解决复杂问题、处理复杂矛盾、驾驭复杂局面。全面贯彻党的群众路线，加强国家安全教育，增强全党全国人民国家安全意识，推动全社会形成维护国家安全的强大合力。

（4）坚持总体国家安全观为推动构建人类命运共同体提供了重要支撑

安全问题是事关人类前途命运的重大问题，中国国家安全与世界和平稳定休戚相关。当今世界正处于大发展大变革大调整时期，和平、发展、合作、共赢的时代潮流更加强劲，各种风险挑战更加严峻复杂。促进和平与发展，首先要维护安全稳定。建设普遍安全的世界是构建人类命运共同体的基本内涵，也是坚持总体国家安全观的价值取向。坚持总体国家安全观强调，树立共同、综合、合作、可持续的新安全观，坚持自身安全和共同安全相统一，走共同安全道路。这是对传统国家安全观的超越，摒弃了一切形式的冷战思维，打破了弱肉强食的传统逻辑，超越了结盟的传统模式，为建设一个普遍安全的世界提供了中国智慧和中国方案。

安全是平等的。国家不论大小、强弱、贫富以及历史文化传统、社会制度存在多大差异，都要尊重和保障其合理安全关切。各国都有平等参与国际和地区安全事务的权利，也都有维护国际和地区安全的责任。任何国家都不应该谋求垄断地区安全事务，侵害其他国家正当权益。安全是双向的、联动的。不能一个国家安全而其他国家不安全，一部分国家安全而另一部分国家不安全，更不能牺牲别国安全谋求自身所谓“绝对安全”。安全是普遍的。面对安全威胁，单打独斗不行，穷兵黩武更不行。各国只有加强合作，统筹维护传统和非传统安全，以合作谋安全、谋稳定，以安全促和平、促发展，以对话协商、互利合作的方式破解难题，才能共同应对安全挑战，才能实现持久安全。

中国始终是国际和地区安全的维护者、建设者、贡献者。坚持和平发展道路，追求本国利益时兼顾各国合理关切，谋求本国发展时促进各国共同发展，维护本国安全时尊重各国安全，无论发展到什么程度，永不称霸、永不扩张。恪守尊重主权独立、领土完整、互不干涉内政等国际关系基本准则，尊重各国自主选择的社会制度和发展道路，坚持以对话解决争端、以协商化解分歧，统筹应对传统和非传统安全威胁，反对一切形式的恐怖主义。坚持共建共享，积极推进全球安全治理。支持联合国等国际组织发挥积极作用，支持其他国家特别是广大发展中国家广泛平等参与全球安全治理，继续发挥负责任大国作用，推动全球安全治理体系朝着更加公平、更加合理、更加有效的方向发展。

7.3 建设类院校国家安全教育的审视

在建设类院校的育人工作中，应将国家安全教育作为重要的育人内容。

7.3.1 国家安全教育的必要性

在建设类院校的育人工作中，国家安全教育的必要性体现在以下三个方面。

（1）维护新时代国家安全的必然要求

在全球化浪潮下，尽管世界局势呈现总体和平态势，但国际与国内环境仍潜藏着诸多难以预料的风险与挑战。因此，提升学生的国家安全意识，对实现中华民族伟大复兴意义深远。强化学生的国家安全教育，不仅能帮助他们洞察国家安全形势的未来趋势，并为应对各类安全挑战做好准备，还能深化其爱国情感，增强民族凝聚力。这种教育有助于学生在政治上保持清醒头脑与坚定立场，使其在面对国家安全挑战时不仅能保持镇定自若的心态，还能采取灵活有效的应对措施。同时，学生还能凭借自身行动和影响力，带动周围人共同维护国家安全。

（2）维护国际和平发展的现实需要

地球是人类共同的家园，构建人类命运共同体需要各国人民共同努力。人类命运共同体不仅是利益共同体、责任共同体，更是安全共同体。世界经济的复杂性和多变性，使各国均面临全球性挑战。面对诸多不确定因素，没有任何一个国家能够独善其身，必须认识到人类命运共同体中休戚与共的内在联系，共同探索新的利益交汇点和价值共识，以实现共同繁荣和普遍安全。在此背景下，中国始终致力于与其他国家建立友好关系，坚决反对单边主义、保护主义、霸权主义和强权政治，在维护国际秩序中发挥着重要作用。在这个地球家园中，无论身处何地、信仰何种宗教，每个人都是人类命运共同体的一员，都应为推动世界进步贡献力量。作为实现中华民族伟大复兴的践行者，当代学生必须接受系统的国家安全教育，这不仅有助于培养其战略思维和国家安全形势的趋势分析能力，还能使其不仅保持清醒头脑，更能提高政治判断力和形势洞察力，为未来更好地维护国家安全、推动国际安全合作及促进世界和平与发展奠定坚实基础。

（3）培养社会主义可靠接班人的重要举措

随着时代发展，人才已成为各国竞争和争夺的核心资源。学生群体作为未来社会各领域的中坚力量，不仅在社会发展中扮演重要角色，也是保障国家安全的重要力量，对其进行国家安全教育尤为重要和紧迫。国家不仅需要具备深厚理论知识的人才，更需要心怀国家、心系人民的全面发展的优秀人才。强化当代学生的国家安全教育，既是一项基础的教育任务，更是一项具有深远政治意义的任务。这需要提升学生维护国家安全的意识，培养其底线思维，使其关注整体局势，增强应对突发事件的能力，从而能够勇敢面对未来可能出现的风险和挑战。由于学生心智尚未完全成熟，信息判断力不足，易受误导，因此在教育过程中，需引导学生树立正确的价值观，提高信息判断力，积极主动抵制威胁国家安全的行为。

7.3.2 国家安全教育的目标

目标是方向的指引，对于任何教育活动都至关重要。清晰明确的教育目标能够发挥强大的引导作用，为国家安全教育的实施提供根本遵循和行动指南。

（1）系统掌握国家安全知识

作为新时代学生，深入理解总体国家安全观的核心要义和丰富内涵至关重要。这不仅要求他们熟悉并掌握中国特色国家安全体系，还需要对国家安全的各个方面有全面系统的认识。学生必须通过学习，掌握全面系统的国家安全知识，包括了解总体国家安全观涵盖的16种安全领域，如政治安全、经济安全、军事安全、文化安全、社会安全、科技安全、信息安全、生态安全、资源安全、核安全、海外利益安全、生物安全、太空安全、深海安全、极地安全和新兴领域安全；同时，了解中国特色国家安全的五大要素（人民安全、政治安全、经济安全、文化安全、社会安全），并理解这些要素如何相互关联、相互作用。通过这样的知识积累，学生的思想才能与时俱进，提高对各类安全挑战的警觉性，不易受错误言论和思潮影响。

（2）树立底线思维，具备忧患意识

新时代学生应当紧跟党的步伐，对当前国内外局势保持清醒敏锐的认识，不随波逐流，具备高度的政治敏感性和辨别能力。面对可能威胁国家安全的行为，新时代学生应积极主动向国家安全部门报告。通过系统学习国家安全相关法律法规和基础知识，他们应在心中树立“警戒线”，坚决杜绝任何危害国家安全的行为，成为既有责任感又具备国家安全意识的新时代学生，为国家长治久安贡献力量。

（3）具备维护国家安全的能力

学生有责任将国家安全意识融入日常行为，培养维护国家安全的技能。学习不仅是知识积累，更重要的是有效应用知识。因此，学生不仅需要掌握国家安全知识、树立正确观念，更要在日常生活中积极履行守护国家安全的职责。无论身处何地，都应将国家安全知识与现实情况结合，采取恰当方法应对可能威胁国家安全的状况。此外，学生还应学会辨识各种伪装。即便全面学习了国家安全知识，现实情况往往更复杂，因此必须在生活中保持高度警觉，依法依规举报，并勇于与非法行为作斗争。

7.4 红色文化融入建设类院校国家安全教育的理论基础与价值

红色文化与建设类院校国家安全教育在内在逻辑上紧密相连，且具有显著的教育价值。从理论层面深入剖析二者关系，有助于理解红色文化融入国家安全教育的必然性与重要性，为后续实践提供坚实的理论支撑。

7.4.1 红色文化融入建设类院校国家安全教育的逻辑机理

红色文化与建设类院校国家安全教育之间存在着紧密且内在的逻辑联系，这种联系体现在多个维度，构成了二者融合的坚实基础。从历史渊源来看，二者内容同源于中华民族捍卫国家安全的奋斗历程；在精神层面，均以爱国主义为核心，价值取向高度契合；在发展进程中，二者相互促进、协同共进；同时，红色文化还为国家安全教育的自主学习提供了有效切入点。深入剖析这些逻辑机理，有助于我们更好地理解红色文化融入建设类院校国家安全教育的必要性与可行性，为推动相关教育实践提供理论指引。

（1）内容的同源性：红色文化与国家安全教育内容紧密关联

红色文化诞生于近代中国内忧外患的历史语境中。自西方列强用坚船利炮打开国门，到日本帝国主义发动全面侵华战争，中华民族陷入深重危机。在救亡图存的伟大征程中，中国共产党团结带领人民浴血奋战，于艰苦卓绝的卫国斗争中孕育出红色文化，其内核深刻烙印着政治安全、军事安全和国土安全的历史基因，成为守护民族独立与国家主权的精神支柱。

建设类院校国家安全教育以树立总体国家安全观为根本旨

归，而回溯国家安全理念的形成脉络，与红色文化的发展历程紧密交织。从抵御外敌入侵的烽火岁月，到巩固新生政权的关键时期，红色文化所承载的抗争记忆与国家安全教育的核心内容深度契合。这种植根于民族复兴历程的历史同源性，不仅搭建起二者内容交融的桥梁，更为红色文化深度融入国家安全教育筑牢了历史根基。

（2）精神的契合性：红色精神与国家安全教育精神内核高度一致

红色精神是红色文化中的精神元素，主要包括以伟大建党精神为源头的中国共产党人精神谱系，是红色文化的精髓。纵观红色精神，无论是革命年代的红船精神、抗战精神，建设年代的大庆精神、焦裕禄精神，还是改革年代的载人航天精神、脱贫攻坚精神，都具有强烈的爱国主义色彩，是爱国主义精神的具体体现。爱国主义教育是建设类院校国家安全教育的重要目标和主要内容，建设类院校国家安全教育需将爱国主义精神贯穿始终。由此可见，红色文化和建设类院校国家安全教育都以爱国主义精神为核心，二者在精神层面高度契合，具有相同的精神内涵，这也是红色文化融入建设类院校国家安全教育的关键。

（3）发展的互助性：弘扬红色文化与开展国家安全教育相互促进

红色文化是建设类院校开展国家安全教育的重要资源，同时，开展国家安全教育也有助于弘扬红色文化。二者形成双向赋能、协同发展的良性互动格局。一方面，将红色文化深度融入国家安全教育体系，能够极大地丰富教育资源的内涵与外延，使抽象的国家安全理论知识具象化，与国家安全发展的历史脉络、现实状况紧密结合，帮助学生更加直观、深入地理解理论知识，有效提升国家安全教育的深度与实效。另一方面，当红色文化融入国家安全教育后，学生在学习过程中得以更全面、系统地了解红色文化，深化对红色文化的价值认同，进而主动承担起传播红色文化的责任，化身红色文化的“传承使者”，为红色文化在新时代的传承与创新发展注入源源不断的青春力量。

（4）自主学习的切入点：红色文化为国家安全教育自主学习提供方向

建设类院校国家安全教育体系中，自主学习是强化理论认知、深化实践体验的重要环节。红色文化以其丰富的历史内涵与鲜活的实践案例，为国家安全教育自主学习提供了明确的切入方向。例如，学生可通过深度剖析抗日战争、解放战争、抗美援朝等经典战例，从中汲取军事战略智慧，深化对军事安全内涵的理解；亦可通过回溯近现代国土争端的历史经纬，感悟国土安全在国家发展中的重要意义。这种以红色文化为锚点的自主学习模式，不仅将抽象的国家安全理论转化为具象的历史实践，显著提升学习的实操性，更能以历史故事的感染力激发学生探索兴趣，引导其主动构建系统化的国家安全知识体系，使自主学习真正成为培育国家安全意识的重要路径。

7.4.2 红色文化融入建设类院校国家安全教育的价值体现

红色文化作为重要的教育资源，对建设类院校国家安全教育的开展具有重要的促进作用。将红色文化融入建设类院校国家安全教育，充分发挥其教育功能，可在理论教学、实践教学、学生自学等方面，彰显其独有的教育价值。

（1）理论教学：丰富内容，提升理论教学丰满度

对于建设类院校国家安全教育的理论教学而言，若仅进行抽象的知识讲授，不仅容易使课堂陷入单调沉闷的氛围，还会因理论的抽象性导致学生理解困难。而引入具体的国家安全实例辅助教学，能够有效化解这一难题，帮助学生构建具象化的知识认知框架，提升教学成效。红色文化作为蕴含丰富历史内涵与实践案例的教育资源，其融入国家安全教育理论教学，可极大地充实教学内容。例如，以红色精神为切入点，能够有效唤醒学生内心深处的爱国主义情怀，为其学习国家安全知识注入强大的精神动力；借助红色文化中英雄人物的感人事迹，能够在学生心中树立鲜活的榜样，强化其维护国家安全的使命担当；通过还原红色文化中的重大国家安全事件，可将晦涩的理论知识转化为生动的历史情境，使学生更深刻地认识到国家安全的重要性与紧迫性。如此，红色文化实现了理论与实践的深度融合，让国家安全教育的理论教学更具深度与温度，切实提升教学的吸引力与实效性。

（2）实践教学：创新形式，增强实践教学具体性

“纸上得来终觉浅，绝知此事要躬行”，实践教学作为教育体系的关键环节，在建设类院校国家安全教育中占据重要地位。然而，受学科特性影响，当前建设类院校国家安全教育的实践教学存在内容空泛的问题，多以探讨国际热点事件为主。此类实践内容与学生实际生活存在一定距离，致使教学效果受限，难以充分调动学生参与积极性。

将红色文化深度融入建设类院校国家安全教育的实践教学，能够有效盘活教育资源，创新教学模式，显著提升教学质量。在实践过程中，可充分挖掘红色文化中的英雄人物事迹，发挥榜样示范作用，激发学生维护国家安全的使命感；借助红色遗址遗迹开展沉浸式教学，让学生在历史场景中感悟国家安全的深刻内涵；还可通过红色文化主题活动，如红色剧本杀、红色文化研学等，以新颖的形式增强实践教学的吸引力与参与度，使学生对国家安全形成更直观、更深刻的认知。

（3）自主学习：提供切入点，激发自主学习兴趣

在建设类院校国家安全教育中，红色文化为自主学习提供了独特切入点，有效激发学生学习兴趣。首先，红色文化丰富的艺术形式是天然的学习情境入口。学生可通过阅读《红岩》《保卫延安》等红色文学作品，在革命故事中感悟先辈守护国家安全的坚定信念，进而探究背后的政治安全与意识形态安全；也能借助《觉醒年代》《跨过鸭绿江》等影视作品，理解不同历史时期国家安全面临的挑战与内涵演变，在沉浸式体验中激发求知欲。其次，红色文化蕴含的创新智慧则提供了方法论指引。

围绕“农村包围城市”革命道路探索、“两弹一星”工程自主研发等经典案例，学生可结合建设类专业知识，开展跨学科研究，思考如何借鉴红色创新思维保障现代国土安全与资源安全。这种专业与红色文化融合的学习模式，打破学科界限，激发探索热情，助力构建系统的国家安全知识体系。

7.5 红色文化融入建设类院校国家安全教育的实践困境与突破

在红色文化融入建设类院校国家安全教育的实践进程中，不可避免地面临诸多现实问题。但困境亦是机遇，通过深入分析现存问题，针对性地提出优化策略与实现路径，方能推动红色文化在国家安全教育中发挥更大效能，实现教育实践的创新突破。

7.5.1 红色文化融入建设类院校国家安全教育的现存问题

当前，红色文化已成为建设类院校育人工作的重要依托，在思政教育等领域发挥着关键作用。然而，受建设类院校国家安全教育起步晚、发展基础薄弱的制约，多数院校仍处于探索阶段，致使红色文化在国家安全教育领域的应用尚未形成广泛覆盖。深入剖析，其背后存在三方面关键制约因素。

（1）重视程度不足：院校及教师对红色文化应用重视欠缺

当前，红色文化虽已在建设类院校育人工作中形成较为成熟的应用体系，无论是内容挖掘还是教学方法都积累了丰富经验，但在国家安全教育领域的融入却尚未得到普遍重视。许多建设类院校开展国家安全教育时，仍未将红色文化纳入核心教育资源范畴。这种现象的产生，固然与部分教师对红色文化在国家安全教育中的价值认知不足有关——他们在课程设计时，未充分考量红色文化的教育功能，导致其难以融入教学计划。然而，更深层次的原因还涉及院校层面的资源统筹、课程体系规划以及缺乏针对性的激励机制等问题，这些因素共同制约了红色文化在国家安全教育中的广泛应用 。

（2）教师能力受限：师资队伍专业能力影响红色文化融入

教师能力不足已成为制约红色文化融入建设类院校国家安全教育的核心瓶颈。将红色文化有效融入教学，要求教师兼具课程内容组织与教学实践创新双重能力：一方面，需具备课程内容整合能力，能精准提炼红色文化与国家安全教育的契合点，构建具有红色文化特色的教学体系；另一方面，要拥有丰富的教学实践经验，熟练运用多元教学方法与先进技术，增强教育感染力。

然而，受建设类院校国家安全教育起步较晚的影响，专业师资队伍尚未成型。现有教师普遍存在知识结构失衡与教学经验匮乏的问题：部分教师对红色文化的历史脉络、精神内涵理解不深，难以挖掘其与国家安全知识的深度关联；部分教师缺乏将红色文化转化为教学资源的实践经验，在课堂设计与活动组织中，无法充分发挥红色文化的育人价值。这种能力短板直接导致红色文化融入教学时，出现内容衔接生硬、教学形式单一等问题，严重影响教育效果。

（3）评价机制缺失：缺乏有效评价制约工作推进

评价机制作为教育发展的核心导向，对红色文化融入建设类院校国家安全教育起着关键的驱动作用。科学有效的评价体系，本应成为激发教师创新教学、深化融合实践的有力杠杆，推动红色文化教育资源在国家安全教学中充分释放效能。

然而当前，建设类院校在该领域评价机制存在显著缺位。因缺乏系统的评价框架，红色文化融入国家安全教育工作陷入双重困境：其一，缺失明确的考核标准，致使教学内容设计、教学方法运用以及教育目标达成度难以得到精准衡量，难以保障教学质量的稳定性；其二，缺乏奖励激励的客观依据，使得教师在深挖红色文化教育价值、创新教学模式过程中的努力难以获得认可，极大削弱了教师主动推进融合工作的积极性。在这种缺乏正向反馈的环境下，红色文化融入国家安全教育工作因动力不足而难以落地，推进过程举步维艰，教育成效远未达到预期。

7.5.2 红色文化融入建设类院校国家安全教育的优化策略

红色文化作为建设类院校国家安全教育的重要教育资源，能够为建设类院校国家安全教育的开展提供有力支撑。建设类院校教师应充分利用红色文化资源，将红色文化有效融入建设类院校国家安全教育，从而强化教育效果。促进红色文化有效融入建设类院校国家安全教育，可从以下三个方面着手。

（1）强化重视程度：院校与教师共同提升对红色文化的重视

当前，促进红色文化有效融入建设类院校国家安全教育，需提升重视程度。一方面，建设类院校教师应提高认识，充分意识到红色文化对开展建设类院校国家安全教育的重要性，将红色文化作为国家安全教育的重要内容，把红色文化融入教学工作并落实到教学目标、教学计划和课程内容中，确保红色文化有效融入国家安全教育。另一方面，建设类院校也应提高重视，为红色文化融入国家安全教育提供充足保障，如为学生参观红色文化遗址遗迹提供必要的经费支持，助力学生切身感受红色文化中的国家安全历史，加深对国家安全的认识与理解。

（2）加强师资建设：提升教师红色文化教学能力

建设类院校教师在红色文化融入建设类院校国家安全教育过程中扮演关键角色。因此，加强师资建设、提升教师水平，对促进红色文化有效融入国家安全教育工作至关重要。一方面，针对教师红色文化知识储备不足的问题，建设类院校应对从事国家安全教育的教师开展集中培训，补齐知识短板；同时，鼓励教师开展自主学习、小组学习，丰富知识储备。另一方面，针对教师红色文化教学经验不足的问题，可通过组织集体备课、公开课观摩、教学经验交流等方式，让教师向具有红色文化教学经验的德育课教师学习借鉴。此外，建设类院校教师还应向当地红色遗址遗迹场馆工作人员请教，充分利用红色资源开展国家安全教育实践教学。

（3）完善评价工作：建立科学评价体系激励教学工作

为调动建设类院校教师积极性，更好地推动红色文化有效融入国家安全教育，需改进相关评价工作。一方面，应针对红色文化融入国家安全教育的实施工作制定评价标准，将教学内容、教学方法、教学效果等涉及红色文化的要素纳入评价体系；同时，让教师与学生共同参与评价，确保评价结果真实反映教学情况。另一方面，要将评价结果与教师的职称评定、职务晋升挂钩，激励教师投入更多精力，推进红色文化融入建设类院校国家安全教育工作。

7.5.3 红色文化融入建设类院校国家安全教育的实现路径

为实现红色文化与国家安全教育的深度融合，充分发挥其育人功能，可从课程教学、实践活动、网络学习等多元路径着手，探索出具有建设类院校特色的融合模式，助力学生筑牢国家安全意识。

（1）课程路径：多环节融入红色文化开展教学

课程是教育的主要载体，是有计划、有组织教育的保障，因此，课程路径是红色文化融入建设类院校国家安全教育的主要途径。红色文化融入相关课程，可从以下方面着手：第一，将红色文化内容作为课程导学素材，在开展理论教学前，以红色文化为引子，激发学生学习兴趣，引出国家安全教育理论内容；第二，将红色文化内容作为理论教学案例，与理论教学相辅相成，如讲解军事安全和国土安全时，融入平型关大捷、百团大战等内容，让学生认识军事安全和国土安全的重要性；第三，将红色文化内容作为课后拓展内容，设置与国家安全教育知识点相关的红色文化素材，引导学生运用所学知识分析总结，深化对国家安全知识的理解。

（2）实践路径：多样实践活动深化教育效果

实践路径是红色文化融入建设类院校国家安全教育的重要途径。通过实践教学，可充分利用红色文化资源，提升教育效果。红色文化融入实践教学，可采取灵活多样的形式：例如，利用红色诗歌、歌曲、戏剧等内容，开展诗歌大赛、红歌会、红色戏剧演出等活动，强化学生的爱国主义情感；组织参观烈士陵园、英模故居、军事博物馆、战役纪念馆等红色遗址遗迹，引导学生了解相关历史，增强维护国家安全的责任感；安排采访英雄模范，让学生了解其维护国家安全的事迹，对国家安全问题形成更深刻、直观的认识。特别需要强调的是，开展实践活动时，可邀请红色遗址遗迹专业人士及英雄模范担任兼职教师，指导实践教学，弥补院校教师实践经验的不足。

（3）网络路径：借助网络资源助力自主学习

网络路径同样是红色文化融入建设类院校国家安全教育的重要途径，学生可充分利用网络红色文化资源开展自主学习。一方面，教师可将与国家安全教育相关的红色文化内容上传至指定学习平台，供学生下载学习；也可通过微博、微信公众号等自媒体平台，向学生推送相关内容，辅助学生理解国家安全知识。另一方面，学生可自拟主题，从网络上搜索纪录片、讲座、影视文艺作品等红色文化资源，从红色文化视角深化对国家安全的理解。

参考文献

1. 贾翔羽．全媒体思想引领下的红色文化传播策略研究[J]．作家天地，2023(07)：43-45.

2. 王春霞．红色文化在大学生思想道德建设中的作用机制与实践路径论析[J]．学校党建与思想教育，2020(11)：29-32.

3. 刘懿，郭国祥．大学生爱国主义教育的逻辑理路和实施路径[J]．学校党建与思想教育，2024(20)：41-43.

4. 李海燕．红色文化融入新时代高职院校学生爱国主义教育的路径[J]．中国军转民，2024(19)：108-110.

5. 张焱，郭理．新时代大学生爱国主义教育叙事的价值、原则和路径[J]．北京教育（德育），2024(09)：28-35.

6. 汪峰，汪颖子．中国红色文化生成的系统要素透析——以大别山红色文化为例[J]．北京师范大学学报（社会科学版），2010(06)：89-97.

7. 卜逸凡．红色文化：培育社会主义核心价值观的重要资源[J]．学理论，2018(12)：246-247.

8. 柏路．社会主义核心价值观生活化研究综述[J]．思想政治教育研究，2019，35(02)：25-30.

9. 郭华生，张华，刘山发．将红色文化融入高校思想政治教育——基于多维视角的解析[J].中共山西省委党校学报,2015,38(01):125-129.

10.杨冬霞.红色文化在高校思想政治教育中的运用研究[D].河北科技大学,2015.

11.刘欣.论红色文化融入高校思想政治教育的作用与途径[J].佳木斯职业学院学报,2016(02):182-183.

12.张烁.把思想政治工作贯穿教育教学全过程开创我国高等教育事业发展新局面[N].人民日报,2016-12-09(10).

13.郑寿.网络"圈层化"背景下的大学生思想政治教育[J].高校辅导员学刊,2020(03):51-55.

14.中国互联网络信息中心.中国互联网络发展现状统计报告[R].北京:中国互联网络信息中心,2020:19-26.

15.渠长根.红色文化研究要从学术自觉走向学科自觉[J].浙江工贸职业技术学院学报,2017(02):62-67.

16.程征,周燕群.主流媒体的抖音账号运营攻略[J].中国记者,2018(11):59-62.

17.李染梦.从微博微信到知乎B站——后"两微时代"共青团新媒体思想引领工作的实践与发展[J].广东青年职业学院学报,2017,31(03):23-27.

18.邓先奇,段喜春.论高校思想政治理论课实践教学的组织和实施[J].湖北社会科学,2006(01):163-165.

19.张霞.实践教学的方案设计、组织实施和基本要求[J].江苏公安专科学校学报,2000(05):148-150.

20.李康平.论红色资源在思想政治理论课运用的价值与路

径[J].思想理论教育导刊,2010(04):67-70.

21.易金华,常丹.红色资源在高校思想政治理论课教学中的应用途径[J].文史博览,2014(05):56-58.

22.房丽娟.依托红色文化资源创新思想政治理论课实践教学[J].产业与科技论坛,2014(10):108-109.

23.何军新.红色资源开发与高校思想政治理论课实践教学实效性研究[J].思政研究,2011(20):121-122.

24.张智,王芝华.地方红色文化在高校思想政治理论课教学中的运用——以湘南学院思政课程改革为例[J].中南林业科技大学学报(社会科学版),2014(06):309-312.

25.李德满.红色文化资源运用于《中国近现代史纲要》教学的思考与探索[J].井冈山大学学报(社会科学版),2014(05):41-48.

26.陈俊.论网络时代红色文化意义拓展的本质与方法[J].中国管理信息化,2013(19):112-113.

27.陈始发,李立娥.红色文化资源在高校思想政治理论课教学中运用的思考[J].思想理论教育导刊,2014(11):70-73.

28.张颢.论红色资源开发在高校思想政治教育中的作用[J].前沿,2007(07):23.

29.杨明珠.融媒体背景下红色文化的传播策略和传播价值——以《湖湘英烈》为例[J].出版广角,2019(12):56-60.

30.邹波.新媒体时代下江西红色文化传播实践探索[J].传媒,2018(06):79-81.

31.毕耕,谭圣洁.全媒体时代红色文化传播的媒介策略[J].

红旗文稿,2016(05):26-27.

32. 李琳娟.新媒体环境下红色文化传播路径研究[J].出版广角,2019(02):74-76.

33. 孙平,熊平秀,于昊.新时期红色文化的意义表达与传播机制探析[J].现代传播(中国传媒大学学报),2015(05):19-23.

34. 赵晓珂,于甜.用"微言微语"提升红色文化吸引力[J].人民论坛,2017(30):140-141.

35. 郑晓迪.场域理论视角下沂蒙红色文化传播路径[J].青年记者,2018(11):22-23.

36. 闫孟莲,张瑜烨.乡村世界沟通的景观:新媒体环境下社会流动与文化传播的焦灼[J].学习与实践,2017(03):121-130.

37. 房丽娟.依托红色文化资源创新思想政治理论课实践教学[J].产业与科技论坛,2014(10):108-109.

38. 吴先勇,高校红色文化建设存在的问题与对策[J].广西社会科学,2011(04):155.

39. 高明,融入企业文化构建新型高职校园文化[J].时代经贸,2009(06):75.

40. 陈红,高职校园文化建设中企业文化元素的融入[J].教育管理,2011(29):47.

41. 刘建民,段宏.地方红色文化资源与高校思想政治理论课教学[J].继续教育研究,2012(08):154.

42. 诸葛毅.大学校园红色文化建设的内涵与德育功能[J].江苏高教,2010(03):117-118.

43. 张泰城,肖发生.红色资源与大学生思想政治教育[J].教学与研究,2010(01):72-77.

44.李雪,刘沁.利用地方红色资源提升高校校园文化德育功能[J].南昌教育学院学报,2011(06):17-18.

45.张岚岚,魏代强.深度开发红色资源丰赡校园红色文化[J].扬州大学学报(高教研究版),2009(06):21-23.

46.方宁.浅谈当代大学生文化自信的培育——以不良“校园贷”现象丛生为例[J].湖北函授大学学报,2018(08):33-34+41.

47.辽宁省高等教育学会.辽宁省高等教育学会2017年学术年会优秀论文二等奖论文集[C].辽宁省高等教育学会,2017:9.

48.王世泰.民办高校大学生文化自觉与文化自信培育路径探索——以泉州信息工程学院为例[J].开封教育学院学报,2018(02):191-192.

49.姚倩倩,张欣欣.培养当代大学生文化自信面临的挑战与对策——基于文化认同的视角[J].学理论,2018(02):229-232.

50.夏赟,袁高燕.高校思想政治工作中如何提升大学生的“文化自信”——以讲好“中国故事”为载体[J].继续教育研究,2018(01):70-74.

51.温一军,回娅冬.“三融合”式大学生文化自信教育模式的探索与实践——以河北北方学院法政学院为例[J].河北北方学院学报(社会科学版),2017(05):107-109.

52.刘福江,邹谨.一部研究当代大学生文化自信问题的力作——《当代大学生文化自信现状及培养研究》书评[J].衡阳师范学院学报,2017(04):169-170.

53.杨茜.我国大学生国家认同现状研究[D].重庆师范大学,

2017.

54. 巩青春. 当代大学生坚定理论自信的目标和路径研究[D]. 陕西师范大学,2017.

55. 钱婷. 传统文化融入思想政治教育增强大学生的文化自信——以南京工业大学为例[J]. 职业技术,2017(02):26-28.

56. 李玲玲,李艳玲. 培养大学生文化自觉和文化自信的研究——以济南工程职业技术学院为例[J]. 教育现代化,2015(17):250-252.

57. 罗勇. 大学生文化自觉存在的问题及其对策研究[D]. 重庆师范大学,2015.

58. 申晓辉. 地方高校弘扬地方传统文化研究[D]. 华中师范大学,2013.

59. 沈成飞,连文妹. 论红色文化的内涵、特征及其当代价值[J]. 教学与研究,2018(1):97-98.

60. 王道歆,张文凯. 论红色资源在高校思想政治教育中的应用[J]. 佳木斯大学社会科学学报,2018,36(03):80-82.

61. 梁国胜. 实施"双高计划"舞起发展龙头[N]. 中国青年报,2019-04-15(06版).

62. 谢清风. 主题出版的提出、发展、问题和展望[J]. 现代出版,2018(06):38-43.

63. 吴雪梅. 新媒体环境下主题出版物的数字化开发——以上海交通大学出版社为例[J]. 出版发行研究,2018(07):59-61.

64. 胡艳红. 主题出版的精品打造:深度化、生动化、市场化、国际化[J]. 出版广角,2018(06):9-11.

65. 李建红．浅析主题出版的发展趋势及对策建议[J]．出版发行研究，2017(10)：76-79.

66. 刘三婷，张麦秋，李菡．论中华优秀传统文化育培自信高职人才的途径[J]．教育科学论坛，2019(03)：29-31.

67. 卢丽刚，时玉柱．红色文化遗产的数字化保护[J]．菏泽学院学报，2009(04)：68-71

68. 郭少华．红色文化融入大学生思想政治教育的价值与途径[J]．井冈山大学学报(社会科学版)，2011，32(04)：18-22.

69. 张雅楠．红色文化融入大学生思想政治教育的途径研究[D]．兰州交通大学，2015.

70. 中国共产党人精神谱系第一批伟大精神正式发布[N]．人民日报，2021-09-30(01版).

71. 马闯．红色文化融入"大思政课"的逻辑机理、价值意蕴及实现路径[J]．现代教育科学，2024(02)：68-73.

72. 何雨萱．红色文化融入爱国主义教育的价值意蕴及路径[J]．中国军转民，2024(17)：137-138.

73. 黄帆．红色文化融入大学生国家安全教育路径研究[J]．社会与公益，2025 (10)：247-249.

74. 黄帆．红色文化融入大学生国家安全教育的逻辑机理、价值意蕴和实现路径[J].2025 (03)：144-146.